LA
CONCEPTION JURIDIQUE
DE L'ÉTAT

PAR

X. S. COMBOTHECRA

Docteur en droit
Avocat à Genève.

Prix : **6** francs

PARIS

LIBRAIRIE DE LA SOCIÉTÉ DU RECUEIL GÉNÉRAL DES LOIS ET DES ARRÊTS
ET DU JOURNAL DU PALAIS
Ancienne Maison L. LAROSE et FORCEL
22, rue Soufflot, 22
L. LAROSE, Directeur de la Librairie

BERLIN	LONDON	GENÈVE
Puttkammer und Mühlbrecht	**Stevens and Sons, Limited**	LIBRAIRIE
N. W. 64, Unter den Linden	*119 and 120, Chancery Lane*	**Philippe Dürr**
Buchhandlung für Staats- und Rechtswissenschaft	Law Publishers and Booksellers	Ancienne librairie Cherbuliez *Rue Bovy-Lysberg* (Derrière le Théâtre)

1899

LA
CONCEPTION JURIDIQUE
DE L'ÉTAT

LA
CONCEPTION JURIDIQUE
DE L'ÉTAT

PAR

X. S. COMBOTHECRA

Docteur en droit

Avocat à Genève.

PARIS

LIBRAIRIE DE LA SOCIÉTÉ DU RECUEIL GÉNÉRAL DES LOIS ET DES ARRÊTS

ET DU JOURNAL DU PALAIS

Ancienne Maison L. LAROSE et FORCEL

22, rue Soufflot, 22

L. LAROSE, Directeur de la Librairie

BERLIN	LONDON	GENÈVE
Puttkammer und Mühlbrecht	Stevens and Sons, Limited	LIBRAIRIE
N. W. 64, Unter den Linden	*119 and 120, Chancery Lane*	**Philippe Dürr**
Buchhandlung für Staats- und Rechtswissenschaft	Law Publishers and Booksellers	Ancienne librairie Cherbuliez *Rue Bovy-Lysberg* (Derrière le Théâtre)

1899

AVERTISSEMENT

Le travail que nous livrons aujourd'hui, dans son entier, au public, a été commencé par nous en 1890. Chaque fois qu'un chapitre était prêt, nous le faisions paraître dans une Revue. Arrivé au bout de notre tâche, nous avons scruté à nouveau le tout pour le mettre au courant de la science.

Avant d'aborder le fond de notre sujet, nous jetons un coup d'œil sur l'ensemble de la science juridique, et nous nous arrêtons tout particulièrement sur certains points qui reviennent fréquemment dans le cours de notre ouvrage.

En entrant dans le vif de notre sujet, nous envisageons l'Etat sous toutes ses faces.

Nous pénétrons l'essence de l'Etat, en étudiant d'abord la force publique.

Puis nous nous demandons si l'Etat est une société ou s'il diffère de la société.

Nous soumettons ensuite à un examen l'idée qui veut faire de l'Etat un organisme vivant.

Après cela nous développons la doctrine qui admet que l'Etat est une personne, sans avoir besoin d'être un organisme.

Enfin, nous abordons l'examen de la souveraineté de l'Etat.

Ayant étudié ainsi l'Etat à des points de vue spéciaux, nous nous résumons en l'envisageant dans son ensemble. Nous aboutissons de cette manière à une définition qui formule la conception de l'Etat considéré comme entité juridique.

* *

En jetant un coup d'œil sur l'ensemble de la science juridique, nous donnons d'abord une définition du droit.

Nous constatons ensuite que le droit varie suivant les temps et les lieux.

Nous continuons notre tâche en analysant l'essence du droit et en scrutant les éléments qui le composent.

Nous constatons que, selon son aspect, le droit prend le nom de droit subjectif ou objectif.

Nous divisons le droit quant à sa forme, en droit pur (la science du droit proprement dite), en droit naturel, en droit rationnel, en droit positif et en droit pratique.

Nous distinguons la face interne (droit national) et la face externe (droit international) du droit.

Quant aux branches du droit, nous indiquons : le droit des personnes, des choses et des actions ; le droit public, privé et pénal ; le droit corporel, incorporel et intellectuel.

Nous nous arrêtons, tout particulièrement, sur le droit public, et nous concevons : le droit constitutionnel, administratif et droit public proprement dit (droit civique) ; la théorie générale de l'Etat et le droit public général.

Nous présentons le droit comme une subdivision de la science sociale.

Enfin, nous déterminons la nature juridique de notre travail.

En étudiant la force publique, nous cherchons d'abord à fixer son essence, puis à apprécier son action dans l'établissement et maintien de l'ordre étatique et le règne de la loi.

Nous nous demandons ensuite dans quelle mesure la morale vient à la rescousse de la force.

Enfin, nous déterminons le rôle du gouvernement à l'égard de la force publique.

En nous demandant si l'Etat peut s'identifier avec la notion de la société ou s'en différencier, nous fixons d'abord l'essence de la société, en cherchant les éléments qui la composent.

Nous comparons ensuite les différentes conceptions qu'on nous donne de la société avec la conception de l'Etat. Ne trouvant aucune conception de la société susceptible de former une notion se différenciant de l'Etat, nous arrivons à nous persuader que l'Etat n'est qu'une variante de la notion générale de la société.

Pour savoir si l'Etat doit ou non être considéré comme un organisme, après avoir repoussé l'idée qui veut faire deux notions distinctes et indépendantes de la société et de l'Etat, nous cherchons à donner une définition de l'organisme.

En comparant l'organisme, défini comme il convient, avec l'Etat, nous arrivons à nous convaincre que l'Etat ne saurait être considéré comme un organisme proprement dit.

Nous combattons ensuite la tentative de plusieurs auteurs de faire de l'Etat un organisme amphigourique ou hybride, et nous formulons l'essence de l'Etat telle qu'on doit la concevoir.

Enfin, nous nous demandons où est l'utilité de la théorie qui fait de l'Etat un organisme, et nous ne l'apercevons nulle part.

En démontrant que l'Etat est une personne, nous déterminons d'abord l'essence de la personnalité en général, et, après avoir réfuté les différentes fausses conceptions de la personnalité, nous constatons que la nôtre s'adapte exactement à l'Etat, comme à toute autre personne.

Poursuivant notre étude de la conception de l'Etat, nous sommes amené à étudier la souveraineté.

Nous indiquons d'abord quel est le sens littéral de la souveraineté, et nous nous efforçons ensuite de faire ressortir son essence.

Nous établissons les différents caractères de la souveraineté, en examinant sa potentialité, son unité et son indivisibilité.

Nous recherchons si la souveraineté est réellement un élément essentiel de l'Etat, et nous constatons qu'on ne saurait concevoir un Etat sans souveraineté.

Nous nous demandons où siège la souveraineté, et nous la plaçons dans l'ensemble de l'Etat, en insistant sur ce qu'elle ne peut appartenir qu'à l'Etat seul.

Après avoir déterminé l'essence et les caractères de la souveraineté, nous recherchons le contenu et la consistance de la souveraineté.

Enfin, nous considérons la souveraineté en regard avec les régimes variés de l'Etat, ainsi qu'avec ses différentes formes (Etat unitaire et fédératif), unions étatiques (confédérations d'Etats) et subdivisions territoriales (provinces, Etats particuliers, cantons, etc.). Toujours nous la reconnaissons la même malgré les allures diverses qu'elle prend à nos yeux.

Ayant finalement en vue tout ce que nous venons d'esquisser, nous envisageons l'Etat dans son ensemble.

Nous disséquons l'Etat en plusieurs éléments. Dans cette analyse, comme élément caractéristique de l'Etat, parmi ses éléments essentiels, nous apparaît la force matérielle suprême, connue sous le nom de force publique.

Après avoir analysé, nous synthétisons. Nous groupons les différents éléments de l'Etat en un tout, et nous donnons une définition de l'entité étatique embrassant toutes les variantes de l'Etat.

Notre conception de l'Etat se résume dans ladite définition.

INTRODUCTION

§ 1. — Définition du droit (1).

La science juridique, c'est la discipline qui étudie le droit et ses éléments constitutifs.

Le droit, c'est le jeu régularisé de la relation sociale, conformément à la justice. *Et justitia est constans et perpetua voluntas jus suum cuique tribuendi* (2).

(1) Voir X. S. Combothecra : Conception du droit et de la politique, dans la *Revue générale du Droit*. Paris 1891, p. 520 et 1892, p. 24.

(2) Suivant Kant, « le droit est l'ensemble des conditions au moyen desquelles le libre arbitre de l'un peut s'accorder avec celui de l'autre, suivant une loi générale de liberté » ; Fichte : « L'idée du droit nous est donnée *a priori*, elle est déduite du moi, c'est-à-dire de la pure forme de ma raison» ; Krause : « Le droit, c'est l'ensemble organique de toutes les conditions extérieures de la vie conforme à la raison » ; Dahn : « Le droit est un régime rationnel de paix entre les membres d'une même société réglant leurs relations extérieures entre eux et avec les biens » ; *Ulpianus* (D. l. I, t. I, loi 3) : « *Juri operam daturum prius nosse oportet, unde nomen juris descendat. Est autem a justitia appellatum : nam (ut eleganter Celsius definit) jus est ars boni et æqui* » *; Marcianus* (D. l. I, t. I, loi 12): « *Nonnunquam jus etiam pro necessitudine dicimus : veluti ; Est mihi jus cognitionis, vel adfinitatis* ». Voy. aussi Berney : Le Droit naturel, dans la *Revue générale du Droit*, 2ᵉ et 3ᵉ liv., 1892.

§ 2. — Variabilités historiques et nuances locales du droit.

Le sentiment de la justice et la régularisation de la relation sociale varient suivant les temps et les lieux.

Relativement au temps, nous pouvons subdiviser le droit en droit antique, en droit ancien, en droit féodal, en droit moderne. De ces variabilités c'est l'histoire du droit qui s'occupe.

Relativement au lieu, nous pouvons subdiviser le droit en droit français, en droit allemand, en droit anglais, etc., etc. De ces nuances c'est la législation comparée qui s'occupe.

§ 3. — Eléments du droit.

Pour que le droit puisse prendre corps, ou, en d'autres termes, pour que le jeu de la relation sociale puisse exister, certains éléments sont nécessaires.

A notre avis, il y a à distinguer, d'une part, les éléments internes, et, d'autre part, les éléments externes.

Les éléments internes sont : un maître (1), un sujet (2), un destinataire, un destinateur, un organe, un objet, un acte ou une inaction, un fait juridique, une relation sociale.

(1-2) Au lieu de « maître » on dit généralement « sujet actif », et au lieu de « sujet », « sujet passif ».

Les éléments externes sont : un législateur, un ordre ou la loi, une sanction.

Le maître, le sujet, le destinataire, le destinateur et l'organe, qui peuvent se réunir sur un seul corps, prennent le nom collectif de personne (1).

Le maître est un corps muni de la capacité d'avoir et d'acquérir des droits. Le sujet est un corps muni de la capacité d'être obligé et obligeable.

Le destinataire est un corps muni de la capacité de profiter des droits. Le destinateur est un corps muni de la capacité de souffrir des obligations.

L'organe est un corps muni de la capacité d'exercer le droit d'acquisition et les droits acquis.

La personne est un être capable de droits et d'obligations.

La personne, ou chacun de ses corps constitutifs, est un être simple ou collectif.

Les corps constitutifs de la personne sont insensés, sensés ou mi-sensés. Il y a exception pour le corps de l'organe qui doit être un être humain raisonnable. Il en est de même du corps qui réunit sur lui toute la personne.

L'objet du droit, c'est la substance, le contenu du droit. Cette substance peut être corporelle (*res*), incorporelle (*jus*) ou intellectuelle.

L'acte ou l'inaction du maître et du sujet est un élément distinct du droit. L'acte ou l'inaction du maître et du sujet reste invariable en tant qu'acte ou inaction. Ce

(1) Voir chapitre IV, § 1, p. 68-77.

qui change c'est le genre de l'acte ou de l'inaction, c'est-à-dire la substance ou le contenu de l'acte ou de l'inaction : l'objet. La loi ordonne au sujet de faire ou de ne pas faire quelque chose. La loi peut laisser libre le maître de faire ou de ne pas faire quelque chose.

Le fait juridique est une cause qui donne lieu à la naissance de l'objet du droit. Il ne crée pas le droit, il provoque simplement son branle en lui fournissant l'objet. Le fait juridique peut être un accord entre le maître et le sujet, un acte voulu du maître ou du sujet, un accident ayant pour facteur le sujet, etc., etc.

Le fait juridique volontaire s'appelle acte juridique (contrat, infraction) ; le fait juridique non volontaire s'appelle événement juridique (prescription, mort).

La relation sociale, c'est l'ensemble des rapports des maîtres et des sujets dans un monde civilisé. Le rapport met aux prises précisément tels maîtres déterminés avec tels sujets déterminés. Le rapport ne détermine que l'état de lien entre le maître et le sujet. Dès que l'on considère le contenu du lien, on cesse de s'occuper du rapport et on a en vue l'objet.

Le législateur, c'est le régulateur des diverses manifestations de la vie humaine. En particulier, il règle, conformément à la justice, le jeu de la relation sociale, en édictant les conditions des rapports individuels : le droit. Le législateur est guidé par le créateur de la loi. Le créateur n'est autre que l'ensemble des individus qui vivent en commun : l'Etat. Le législateur qui se confond avec le créateur peut s'appeler législateur tacite. La fonction expresse de législateur est remplie par un corps constitué : assemblée, conseil, parlement, etc.

La loi est une formule. Cette formule est censée être l'expression de la volonté générale : elle est la volonté de l'Etat. La loi peut contenir en elle le droit, mais elle n'est ni tout le droit, ni toujours le droit, ni seulement le droit. Elle n'est pas tout le droit, parce que la formule humaine est incapable de comprendre toutes les nuances de la relation sociale. Elle n'est pas toujours le droit, car souvent elle n'a pas en vue le jeu de la relation sociale. Elle n'est pas seulement le droit, parce qu'elle peut embrasser toutes les manifestations de l'activité humaine. Telle loi cependant qui ne réglemente pas le jeu de la relation sociale peut engendrer le droit : elle devient alors la cause du droit.

La loi est, soit une injonction ou ordre, soit une indication. En d'autres termes, la loi contient en elle, soit un élément obligatoire, soit un élément facultatif.

Le mot loi dans son sens large comprend la loi proprement dite ou loi organique, la constitution ou loi constitutionnelle, le décret, le règlement, etc., etc.

La loi peut être écrite ou coutumière. Habituellement la loi écrite procède de la loi coutumière. Souvent cependant la loi écrite crée la coutume.

La sanction est, dans la mesure du possible, la réalisation, directe ou indirecte, de la loi, contrairement à la volonté du sujet. La force publique et la morale sont les facteurs de ladite réalisation (1) (2).

(1) Voir chapitre premier §§ 1 et 2, p. 17-24.

(2) Pour rendre concrète la théorie que nous venons de développer

§ 4. — Aspects du droit.

Le jeu régularisé de la relation sociale apparaît comme droit subjectif et comme droit objectif.

Le droit subjectif, c'est le droit qui couvre le maître (du droit).

Le droit objectif, c'est le droit qui couvre l'objet (du droit).

Le droit subjectif, c'est le droit proprement dit; le droit objectif, c'est la propriété (corporelle, incorporelle ou intellectuelle) dans le sens large du mot (1).

§ 5. — Formes du droit.

Il y a à faire une distinction entre la science du droit proprement dite, le droit naturel, le droit rationnel, le droit positif et le droit pratique.

prenons un exemple. Un testateur laisse à sa fille un bien. Ici la fille est le maître; l'exécuteur testamentaire est le sujet ; l'objet c'est le bien; l'acte c'est le fait de livrer le bien ; le fait juridique c'est le testament; le rapport c'est l'obligation de l'exécuteur testamentaire à l'égard de la fille ; le législateur c'est le parlement français ou autre ; l'ordre c'est la loi du pays qui permet et garantit le testament ; la sanction c'est la contrainte au moyen de la force publique en cas d'inexécution de l'exécuteur testamentaire.

(1) Selon Dernburg (Pandekten. Berlin 1888), p. 42 : « Droit dans le sens objectif, c'est la volonté générale ». Et p. 86 : « Droit dans le sens subjectif, c'est la part aux biens de la vie qui revient à chaque individu en vertu de la règle de droit ; les droits parti-

La science du droit proprement dite, la science pure, recherche le juste et par conséquent l'injuste aussi, pour recommander le premier dans la régularisation de la relation sociale.

Le droit naturel, c'est la justice absolue dans la relation sociale que la science s'efforce de découvrir par l'observation des faits.

Le droit rationnel, c'est la justice absolue dans la relation sociale que la science s'efforce de découvrir par le raisonnement.

Le droit positif, c'est l'organisation de la relation sociale sous la forme d'un ordre direct ou indirect qui est censé être l'expression de la justice. Mais comme la science du droit ne réussit pas toujours à discerner le juste de l'injuste, vu qu'elle est dans les mains de l'homme faillible, elle ne donne pas toujours les indications nécessaires pour former le droit positif, ou bien, alors qu'elle les indique, on ne l'écoute pas. Ainsi au demeurant, tandis que, guidés par la science du droit, nous sommes censés arriver à un droit positif conforme à la justice, en réalité nous n'y parvenons pas toujours.

Le droit pratique, c'est le droit-art, c'est l'application habile du droit adopté. Le droit pratique est connu sous le nom de procédure ou d'administration.

culiers (*Ansprüche*) naissent du droit subjectif. Droit particulier, c'est la faculté d'une personne de réclamer d'une autre une certaine chose. Pour Cherchenevitsch (Droit civil russe, en russe, Kazan 1894), p. 53 : « Droit dans le sens subjectif, c'est la possibilité de la réalisation d'un intérêt — possibilité qui est déterminée par le droit objectif ».

§ 6. — Faces du droit.

Le droit se présente à nous comme droit interne et comme droit externe.

Le droit interne s'occupe de la relation sociale interne et prend le nom de droit national.

Le droit externe s'occupe de la relation sociale externe et prend le nom de droit international.

§ 7. — Branches du droit.

Ayant en vue les éléments internes du droit qui concourent au jeu de la relation sociale, à savoir : acte ou inaction, maître et sujet, objet, fait juridique, nous concevons : le droit dans son ensemble, le droit des personnes, le droit des choses, le droit des actions.

Les actes ou inactions pouvant être publics, privés (civils ou commerciaux) et délictueux, nous pouvons subdiviser le droit dans son ensemble en droit public, en droit privé (civil ou commercial) et en droit pénal.

Les maîtres et sujets pouvant être des individus publics et privés, nous pouvons subdiviser le droit personnel en droit personnel public (politique) et en droit personnel privé (civil ou commercial).

Les objets pouvant être des choses corporelles (fonds, bâtiment, forêt, instruments, etc., ou même individu humain ou juridique), incorporelles (droit, obligation, action) et intellectuelles (littérature, invention, etc.), nous pouvons subdiviser le droit réel en droit corporel, en droit incorporel et en droit intellectuel.

Les faits juridiques pouvant être des faits licites (accord formel ou tacite et événement) et illicites (infraction, accident), nous pouvons subdiviser le droit des actions en droit des actions civiles et en droit des actions pénales. Il est à noter cependant que les faits illicites peuvent engendrer à la fois des actions civiles et des actions pénales ou même simplement des actions civiles (certains accidents).

§ 8. — Droit public.

Comme toute branche du droit, le droit public nous présente une face interne et une face externe; d'où le droit public national et le droit public international.

Le droit public envisagé au point de vue du maître-sujet peut être subdivisé en droit constitutionnel, en droit administratif et en droit public proprement dit. Le droit constitutionnel s'occupe des pouvoirs publics et de leurs relations. Le droit administratif s'occupe des administrations et de leurs relations. Le droit public proprement dit (civique) s'occupe des citoyens et de leurs relations.

Le droit public, qui s'occupe, avant tout, du droit public naturel et rationnel, et, d'une manière secondaire, du droit public positif et pratique, prend le nom de théorie générale de l'Etat (*Staatslehre*) — lorsqu'il a comme principal but l'étude de l'Etat dans son ensemble, et droit public général — lorsque l'étude de l'Etat n'est pas le principal but, mais simplement un des buts du droit public. La théorie générale de l'Etat est, au demeurant, une partie du droit public général.

§ 9. — Le droit en tant que branche de la science sociale.

Le droit n'est qu'une branche de la science sociale (sociologie, économie sociale). Ce qui caractérise la branche juridique et la distingue des autres branches de la science sociale, c'est qu'elle a comme raison d'être la régularisation de la relation sociale. En étudiant par conséquent les éléments constitutifs du droit, la science juridique les étudie toujours en vue de la régularisation de la relation sociale. Les autres branches de la science sociale peuvent rencontrer aussi, dans leur domaine, les éléments qui concourent à la formation du droit; mais elles doivent nécessairement les étudier en vue de la raison pour laquelle elles se créent. C'est ainsi que plusieurs branches de la science sociale peuvent avoir pour objet la même matière, mais l'envisager à des points de vue différents.

Le droit public, notamment, semble se confondre avec la science sociale. En effet, la science sociale, entre autres, s'occupe de l'État dans son ensemble. Or, le droit public s'occupe également, entre autres, de l'État dans son ensemble. Mais, tandis que la science sociale s'occupe de l'État dans toutes ses manifestations d'activité pour des buts variés, le droit public s'occupe uniquement de la relation de l'État pour la régulariser.

En enlevant à la science sociale la branche juridique, il nous reste les autres branches que nous pouvons grouper en un tout, sous le nom de politique (1).

§ 10. — Le droit et notre travail.

L'ouvrage que nous publions aujourd'hui s'occupe de l'État. Nous étudions ce dernier au point de vue des droits naturel et rationnel avant tout. Les droits positif et pratique ne nous préoccupent que d'une manière secondaire. Nous essayons de rendre claire la notion de l'État et nous cherchons à en donner une conception nette. Ce n'est qu'ainsi qu'on pourra comprendre le rôle de l'État dans le jeu de la relation sociale. En d'autres termes, nous étudions l'État en tant qu'élément constitutif du droit — droit qui a en vue la régularisation de la relation sociale.

Comme l'État est un des maîtres-sujets du droit public, en étudiant l'État juridiquement, nous faisons du droit public. Et nous faisons du droit public *lato sensu*, parce que nous recherchons la conception de l'État en vue de tout son rôle juridique. Cependant, comme nous ne nous préoccupons pas beaucoup du droit positif et du droit pratique, nous faisons du droit public qui est connu en Allemagne sous le nom de *Staatslehre* et qu'en français on a appelé théorie générale de l'État. Toutefois, en nous restreignant à la conception de l'État, nous ne faisons qu'une partie de la théorie générale de l'État.

(1) Voir X. S. Combothecra: *Conception du droit et de la politique,* l. c.

CHAPITRE PREMIER

LA FORCE PUBLIQUE

§ 1. — Essence de la force publique

La force publique est la force suprême humaine dans l'État. Elle est l'ensemble des forces individuelles matérielles chargées de protéger le territoire peuplé qui les contient — et qui devient ainsi État. La force publique est suprême en ce sens qu'elle domine toutes les autres forces de son espèce. La force publique, étant la force suprême, ne peut devoir son existence à une autre force. Au point de vue subjectif, elle doit essentiellement son existence à la volonté des individus qui s'unissent pour la former. La force publique qui succombe aux coups de la révolution, cesse d'être la force publique ; alors, c'est la révolution qui se transforme en force publique.

Dans l'État, il y a en premier lieu des volontés spontanées semblables. Par l'assistance matérielle ou morale de ces volontés spontanées se créent de nouvelles volontés — provoquées. L'ensemble de ces volontés spontanées et provoquées, en majorité dans l'État, formera la volonté générale. Mais, dans l'État, il y aura fatalement des volontés contraires à la volonté générale (1). La formule

(1) Voir chapitre IV, § I, p. 68-77.

Combothecra

2

qui doit exprimer la volonté générale, nous l'appelons loi
positive. En effet, la loi positive ne saurait avoir un autre
sens. Il est vrai que souvent une loi est préparée et pro-
mulguée à l'insu de la grande majorité du peuple. Mais
une loi ne pourra jamais vivre si ceux qui doivent l'ob-
server n'en veulent pas. Et il en est, dans les pays de
monarchie absolue, exactement comme dans les pays
libres. Lorsque le pays laisse agir la loi, cela prouve
qu'il n'existe pas de volonté populaire qui la repousse et
par conséquent il y a tout au moins une volonté tacite
qui admet la loi.

Une force matérielle peut détruire une moindre force
matérielle. La force publique, étant la force suprême humaine dans l'Etat, peut *a priori* vaincre toute résistance
matérielle humaine, détruire l'individu et faire ainsi disparaître sa volonté. Dès lors, la destruction des volontés
opposées à la force publique paraît être possible. Mais
la destruction de la volonté générale au moyen de la
destruction des hommes qui la composent aménerait la
destruction de la majorité du peuple. Et la suivante volonté générale opposée à la force publique, étant à son
tour détruite, le peuple tout entier finirait par disparaître. La force publique étant la force humaine suprême dans l'Etat, ne peut *a priori* être détruite par aucune autre force semblable dans l'Etat. Mais si quelques
membres se détachent de la force publique, ils peuvent
être détruits par ceux qui restent unis. La désagrégation
persistant et les membres détachés continuant à être
anéantis, finalement la force publique aura vécu. Ainsi
la force publique, en agissant comme puissance destruc-

tive, occasionne la destruction du peuple, finit par disparaître elle-même et entraîne par conséquent l'anéantissement de l'Etat.

La pensée est le préliminaire de la volonté. Sans volonté la pensée se conçoit, mais sans pensée il n'y a pas de volonté. La volonté, en tant que telle, est irréductible. Cela veut dire qu'il n'y a aucun moyen direct et sûr qui puisse faire disparaître une volonté en tant que telle. La volonté, étant essentiellement intangible, ne peut subir en tant que volonté aucune violence matérielle. La force mécanique n'a aucune prise directe sur la volonté. *A priori,* une volonté peut résister contre toute épreuve. Sous n'importe quelle pression qu'elle succombe, elle ne succombe que parce qu'elle veut succomber. D'autre part, sans volonté, on ne peut rien créer. La force publique en tant que force ne peut pas créer une volonté. On nous dira que si la force publique ne peut pas créer par elle-même une volonté, elle peut la provoquer en menaçant de détruire ceux qui la produisent. Au moyen de cette menace, l'homme, la majorité du peuple changera de volonté dans le sens demandé, et ainsi, au demeurant, c'est la force publique qui créera la nouvelle volonté. Nous répondons qu'entre la force effective et la force de menace il y a un abîme. La menace influe sur l'intellect. Dès lors la force n'est plus seule, puisqu'elle appelle à son secours l'intellect, qui est la source de la volonté. Donc, l'être animé qui voudra par suite de la menace de la force, voudra tout de même, et c'est sa volonté qui sera le facteur immédiat : *coactus volui.* On nous dira encore : que nous importent ces subtilités !

finalement la force fera à sa guise. Nous répliquons que la force ne pourra pas faire à sa guise. Que si, par la menace, la force transforme quelques volontés et même la majorité des volontés dans l'Etat, l'effet sera précaire.

La substitution violente d'une volonté à la volonté d'un être animé au moyen de l'action effective de la force sur le corps de l'être animé, nous l'appelons contrainte corporelle. La transformation de la volonté d'un être animé en une autre volonté par l'action de menace de la force sur l'intellect de l'être animé, nous l'appelons contrainte cérébrale. La contrainte corporelle peut s'identifier avec la force effective, la contrainte cérébrale ne le peut d'aucune façon.

La force, c'est la matière en mouvement. La force animée, c'est la matière mise en mouvement par l'intellect. La force inanimée, c'est la matière mise en mouvement par des lois surhumaines que nous n'avons pas à examiner ici.

§ 2. — L'action de la force publique.

La force publique, pour produire la contrainte corporelle ou cérébrale, doit agir soit effectivement, soit par la menace (1). Il y a donc à distinguer la force publique effective et la force publique de menace.

(1) Suivant Kant (*Rechtslehre*), le droit et la faculté de contraindre sont deux choses identiques. Dans le même sens : Thibaut (*Pandektenrecht*, 1846), Seuffert (*Pand.*, 1868), Mühlenbruch (*Pand.*, 1844). D'après Rudolff v. Jhering (*Der Zweck im Recht*,

La manifestation de la volonté de l'homme comprend, en premier lieu, l'action et l'inaction où la volonté de l'individu est l'indispensable facteur ; en second lieu, l'action et l'inaction où la volonté de l'individu n'est pas l'indispensable facteur.

Au point de vue de l'action où la volonté de l'individu est l'indispensable facteur, l'efficacité de la force publique effective est nulle, celle de la force publique de menace est plus ou moins entière. Comme exemple, prenons le service militaire. Pour que le soldat serve dans l'armée, il faut qu'il le veuille. Vis-à-vis d'un soldat qui se refuse au service, la contrainte corporelle n'est pas applicable. On ne conçoit pas une contrainte corporelle qui ferait marcher le soldat au pas. La contrainte cérébrale est applicable, mais sa réussite n'est pas sûre. Vis-

2e édit., 1er vol. Leipzig 1883, p. 253), « sans la force le droit est un vocable creux sans existence réelle, car c'est justement la force qui donne un corps aux règles de droit et fait le droit ce qu'il est et ce qu'il doit être ». Jhering s'occupe également de la force dans : L'esprit du droit romain (*Geist d. röm. Rechts*), traduit sur la 3e éd. par O. de Meulenaere, 1er vol. p. 108, 119. Paris-Gand, 1877. — Max Seydel (*Grundzüge, einer allg. Staatslehre.* Würzburg 1873, p. 12-13) nous enseigne que « le fondement du droit est la domination » et que « la domination engendre le droit ». Dans le même sens Luitpold v. Hagens (*Staat, Recht und Völkerrecht.* München 1890, p. 18) nous dit que « le droit est essentiellement une conception de force ». — Félix Herzfelder (*Gewalt u. Recht.* München 1890, p. 147) estime que « le droit ne devient vaillant que par la force publique ». Signalons encore : J. Austin : *Lectures on jurisprudence, or philosophy of positive law.* London 1879, 5e éd. par Campbell. — Thomas E. Holland : *Elements of jurisprudence,* 5e éd. Oxford 1890. — Emil Lingg : *Empirische Untersuchungen zur allg. Staatslehre.* Wien 1890, pp. 24, 27, 30, 69, 100, 207. — Alois Heilinger : *Recht u. Macht.* Wien 1890.

à-vis d'un soldat inébranlablement récalcitrant, la contrainte cérébrale est vaincue.

Quant à l'inaction où la volonté de l'individu est l'indispensable facteur, l'efficacité de la force publique effective ou de menace peut être entière, mais, en réalité, elle ne l'est pas toujours. Par exemple, la force publique réduit l'individu à l'inaction en intervenant directement au moment où il est sur le point de commettre un délit ou un crime. D'autre part, par la menace d'une peine, l'individu peut être détourné de tel délit ou de tel crime. Mais la preuve que la force publique n'est pas toujours à la hauteur de sa tâche, c'est l'existence fatale d'un certain nombre de délits et de crimes dans les pays même le mieux policés.

Quant à l'action où la volonté de l'individu n'est pas l'indispensable facteur, l'efficacité de la force publique effective ou de menace est plus ou moins entière ou nulle. Prenons comme exemple le paiement des impôts. Lorsque l'individu a de quoi payer sa redevance, la force publique peut plus ou moins facilement faire rentrer le dû dans la caisse de l'Etat. Mais lorsque l'individu ne possède rien ou ne possède que peu de chose, la force publique n'a point ou guère de prise, au moins de nos jours.

Quant à l'inaction où la volonté de l'individu n'est pas l'indispensable facteur, l'efficacité de la force publique effective ou de menace peut être entière, mais, en réalité, elle ne l'est pas toujours. Ainsi, la force publique peut tenir le délinquant enfermé dans la prison et lui défendre d'en sortir. *A priori*, le prisonnier gardé vigilamment ne peut s'évader ; en réalité cependant, il parvient quelquefois à le faire malgré toute vigilance. D'autre part, la peur d'être rattrapé et d'être dès lors puni plus sévèrement empêchera le prisonnier de s'évader, alors même qu'il pourrait le faire ; souvent cependant le prisonnier s'évade, ne tenant aucun compte du danger dont il est menacé.

L'intervention de la force publique effective ou de menace peut être double en ce qui concerne l'élément obligatoire de la loi positive. La force publique peut avoir à assister l'élément obligatoire aussi bien quant au maître-sujet (sujet actif ou passif) que quant aux entraves environnant le maître-sujet. Le débiteur, par exemple, est obligé de payer ses dettes. La force publique effective ou de menace peut l'y contraindre plus ou moins bien ; en même temps cette force doit soutenir le débiteur contre toute opposition qui tenterait de l'empêcher de s'acquitter. L'individu ne doit pas voler. La force publique effective ou de menace astreint l'individu tant bien que mal à cette inaction ; en même temps cette force doit protéger l'individu contre toute entreprise qui essaierait de l'obliger à voler.

En ce qui concerne l'élément facultatif de la loi positive, l'intervention de la force publique effective ou de menace ne peut avoir à assister l'élément facultatif que quant aux entraves environnant le maître-sujet. Par exemple, la force publique effective ou de menace n'a pas à vous obliger à vous promener dans votre jardin, mais elle a à vous protéger contre toute entreprise qui essaierait de vous empêcher de vous promener dans votre jardin.

Quant à l'action et l'inaction où la volonté de l'individu est subordonnée à la volonté d'un autre individu, l'efficacité de la force publique effective ou de menace dépend de l'efficacité concernant la volonté subordonnante. Cette dernière efficacité peut être plus ou moins entière ou nulle, et il en est naturellement de même de l'efficacité qui lui est subordonnée. D'après ce que nous avons dit jusqu'à présent, on comprend aisément notre pensée, sans qu'il soit besoin de donner des exemples. Nous devons cependant insister sur le cas où l'efficacité est nulle. Ainsi le Code civil nous dit que la femme doit obéissance à son mari. S'il plaît au mari d'obéir à sa femme, au lieu, comme le veut la loi, d'être obéi par elle, l'intervention de la force publique ne peut rien changer à cela. L'obéissance dépendant principalement de la volonté du mari, la force publique ne saurait inculquer au mari aucune autre volonté. La force publique ne peut pas intervenir et rechercher le motif de la volonté. Que le mari ait telle volonté parce que c'est la volonté de sa femme, pour la force publique cela ne peut être qu'indifférent. En effet, on ne saurait comprendre une force publique qui rechercherait préalablement le motif qui détermine la volonté, pour prêter ensuite ou ne pas prêter son concours à cette volonté.

§ 3. — La morale comme auxiliaire de la force publique

L'action de la morale sur la volonté humaine sans être sûre est pourtant immense. La vraie morale, c'est-à-dire la science pure, éclaire notre esprit, nous suggère une pensée et détermine notre volonté et sa manifestation. La morale, en nous faisant voir le bien et le mal, le juste et l'injuste, nous invite à faire notre choix. Et comme le bien et le juste absolus contribuent, au demeurant, à notre bonheur, nous les choisissons lorsque nous nous en rendons bien compte.

Sans entrer dans les détails, comme nous l'avons fait à propos de la force publique, remarquons que tout naturellement l'efficacité de la morale est plus grande en ce qui concerne la manifestation de la volonté de l'homme quant à l'action et l'inaction où la volonté de l'individu est l'indispensable facteur, que quant à l'action et l'inaction où la volonté de l'individu n'est pas l'indispensable facteur.

L'intervention de la morale peut toujours être double, aussi bien quant à l'élément obligatoire que quant à l'élément facultatif de la loi positive. La morale nous engage, par exemple, à ne pas commettre d'escroquerie, en même temps qu'elle engage un tiers à ne pas nous obliger à en commettre. La morale nous engage aussi à nous servir de notre bien dans tel ou tel but, en même temps qu'elle engage un tiers à ne pas nous en détourner.

La force publique et la morale s'influencent mutuellement. La force publique, ainsi que son action, repose sur la volonté des individus qui la composent. La volonté peut être considérablement influencée par la morale. Par conséquent, d'une façon indirecte, la morale peut influencer la force publique. D'autre part, la morale trouve son application par l'influence qu'elle exerce sur la volonté des individus qui suivent la morale. La force publique peut empêcher ou entraver la manifestation de la volonté. Par conséquent, la force publique a une influence indirecte sur la morale.

§ 4. — Le gouvernement comme moteur de la force publique.

Le gouvernement pourvoit à l'exécution de la loi positive. Le gouvernement, étant à la tête de la force publique, a tout naturellement une grande influence sur elle. Le gouvernement a pour charge de mettre en mouvement la force publique. Le gouvernement commande de par la loi (positive) et la force publique exécute les ordres ainsi donnés. Le gouvernement a pour devoir de se conformer à la loi comme le simple individu.

Lorsque le gouvernement requiert la force publique en vertu de l'élément facultatif de la loi (positive), il doit nécessairement tenir compte du sentiment de la force publique et du peuple tout entier à la fois. Le sentiment de la majorité du peuple qui compose l'Etat, influence considérablement le sentiment des individus qui composent la force publique. En temps normal, les deux sentiments s'identifient. Si le sentiment de la force publique et celui de la majorité du peuple diffèrent et se traduisent par des volontés contraires, alors le pays se divise en persécutants et en persécutés, et se trouve soit en état de terreur, soit en état de guerre civile. *A priori* donc le gouvernement a à suivre le sentiment dominant qu'il

doit flairer et pressentir, et à faire agir la force publique
en conséquence. Si l'ordre inspiré par le sentiment dominant rencontre l'opposition de la force publique, c'est
la révolte et tout ce qui s'ensuit, révolte blâmable au
plus haut degré.

Mais lorsque l'ordre du gouvernement, qui repose sur
l'élément facultatif de la loi, n'est pas inspiré par le
sentiment dominant, que doit-on faire ? Sans nul doute,
le peuple et la force publique doivent obéir. Si à un tel
ordre la force publique obéit, alors que le peuple s'y
oppose, qu'arrive-t-il ? Dans ce cas, le peuple est facilement contenu et, au premier moment, pris par surprise,
peut être vaincu. Mais, restant dans la légalité, le
peuple, par le jeu normal de ses institutions libres, finira
par faire régner sa volonté entravée momentanément. La
résistance révolutionnaire est cependant fatale dans les
pays gouvernés par un monarque absolu.

Lorsque le gouvernement requiert la force publique
en s'inspirant de l'élément obligatoire de la loi, la force
publique n'a qu'à se mettre à sa disposition. Le peuple
de son côté doit se soumettre à l'ordre donné. Si la loi
sur laquelle repose l'ordre est contraire à la volonté du
peuple, ce dernier doit provoquer le changement de la loi
par le jeu régulier de ses institutions libres. Si le peuple
est dépourvu d'institutions libres, la révolution peut être
son seul recours.

Si le gouvernement requiert la force publique pour
commettre une illégalité, doit-elle se mettre à sa disposition ? Nous n'hésitons pas à dire qu'elle ne doit pas se
prêter à une illégalité manifeste allant à l'encontre de

l'élément formel de la loi. Et le devoir du peuple est de s'opposer résolûment à l'illégalité : *Vim vi defendere omnes leges omniaque jura permittunt* (1). Si la force publique et le peuple s'opposent à l'ordre illégal, le gouvernement ne pourra pas exécuter son intention. Mais si la force publique obéit, la face de la question change. Comme en général la force publique est mieux organisée pour l'action que l'ensemble du peuple, elle est, malgré son infériorité numérique, de prime abord la plus forte et subjugue le peuple. Mais si le peuple continue à rester subjugué après le moment de la surprise, ce sera de sa faute. Le peuple reste subjugué parce qu'il ne veut pas s'unir pour l'action. Il est vrai que le peuple, tout en voulant se délivrer, peut ne pas être en état d'agir, faute d'armes par exemple. Cela ne peut pas durer indéfiniment. L'Etat ne peut pas vivre lorsque la force publique devenue force brutale se dresse d'un côté, alors que de l'autre la volonté irréductible du peuple demeure entière. Il faut ou bien que la force brutale succombe, auquel cas le peuple redevient libre, ou bien que l'Etat périsse. Dans les pays de monarchie absolue, il ne peut pas y avoir d'illégalité formelle de la part du monarque. En effet, ici la volonté du monarque est toujours légale. Dès lors, le peuple sera obligé de recourir à la révolution pour protéger la volonté générale, c'est-à-dire la loi positive telle qu'elle devrait être, contre la loi positive abusive.

Dans les États de monarchie absolue, la volonté géné-

______

(1) D. liv. IX, t. II, *ad legen Aquiliam*, loi XLV (*Paulus*), § 4.

rale finit certainement toujours par percer, mais c'est avec une grande difficulté. L'influence du monarque est immense et couvre pour ainsi dire la volonté des sujets. Lorsque le monarque exécute sa volonté sans rencontrer aucune opposition de la part de son peuple, fatalement cela prouve que le peuple a, au demeurant, la même volonté que le monarque. Mais de cela il ne résulte nullement que le peuple doive avoir la même volonté que le monarque. Habituellement, sous le régime monarchique absolu, la volonté des sujets est en paresse, plus que sous tout autre régime. Toutefois, souvent aussi, les sujets ont leur volonté éveillée, et alors c'est le monarque, apparemment tout puissant, qui veut comme veulent ses sujets. L'assentiment donc tout au moins tacite du peuple est indispensable même dans les pays gouvernés par un autocrate. « Autrocrate », c'est un mot qui ne doit pas être pris dans le sens littéral. Le chef de l'État ne peut jamais être autocrate, souverain, dans le sens ordinaire du vocable. La volonté du monarque ne peut jamais dominer toute volonté dans l'État, vu l'essence d'irréductibilité de la volonté.

Dans les États de régime parlementaire, la volonté générale perce, suivant les pays, plus ou moins facilement, mais elle trouve toujours quelques entraves sur son chemin. De nos jours, la volonté générale n'est nulle part mieux garantie qu'en Suisse. Par le droit de *referendum* qui s'y pratique depuis longtemps, et par le droit d'initiative populaire que l'on y a adopté en 1891, la volonté générale chemine sans entraves.

Enfin, la volonté générale est au comble de sa libre manifestation dans les États de régime de démocratie directe, régime qui n'est, hélas! point ou guère possible aujourd'hui.

CHAPITRE II

L'ÉTAT EN TANT QUE SOCIÉTÉ

§ 1. — Essence de la société.

Société vient de *societas* ; *societas* de *socius* ; *socius* de *sac, sequi*, suivre. *Socius* est l'individu qui suit un autre dans son chemin, dans ses idées, qui coopère à sa tâche. Par conséquent, au point de vue strict, le vocable « société » signifie l'action commune — la coopération — de plus d'un individu à l'effet de réaliser tel ou tel dessein (1).

En analysant cette définition de la société, nous trouvons les éléments suivants :

1° Plus d'un individu ;

2° La coopération ;

3° Le but.

A ces trois éléments, il y a lieu d'en ajouter deux autres que l'idée même de la société nous fournit :

4° Le lieu ;

5° La durée.

Sans ces cinq éléments, la société ne peut se concevoir.

---

(1) Le mot « association » étant pris dans le sens de la naissance, de la formation de la société, on peut dire que la société est le résultat de l'association.

Enfin, il y a un dernier élément qui n'est indispensable que pour certaines sociétés :

6° Le capital.

Pour qu'il y ait société, il faut plus d'un individu. En effet, la société implique la coopération ; or, pour coopérer, il faut au moins être deux. Mais, au-dessus de ce nombre, il n'y a pas de limites : les membres d'une société peuvent être innombrables *a priori*.

Pour qu'il y ait société, il faut la coopération. Sans action commune, on ne saurait concevoir la société. Le sens de la coopération doit être entendu d'une façon très large. L'action commune peut être une action composée d'actes simultanés ou consécutifs exécutés par différents individus. L'action commune n'exige pas nécessairement la présence de tous les coopérants ou de quelques-uns d'entre eux dans un même endroit. Les coopérants peuvent ne pas se voir et ne pas se connaître.

Les individus qui coopèrent peuvent le faire soit consciemment, soit inconsciemment (1). La coopération est consciente lorsque les efforts de deux ou plusieurs individus ont été combinés en vue d'une action commune. La coopération est inconsciente lorsque les efforts de deux ou plusieurs individus ont été combinés en fait, alors que chacun des coopérants n'avait en vue que son propre acte.

Dans le Digeste (liv. XVII, t. II, *pro socio*, loi 32), nous trouvons la distinction de la société après entente et de la société sans entente préalable. La distinction dont il s'agit ressort encore mieux dans les *Basiliques* (liv. XII,

(1) Avis contraire (seulement consciemment) : Ant. Rosmini-Serbati : *Filosofia del diritto*, 1865, 2ᵉ vol., p. 17, 19.

t. I, περὶ κοινωνίας, loi 32) : « Ὅτε μὲν ἀπὸ συναινέσεως... κοινωνία... ὅτε δὲ χωρὶς συναινέσεως, κοινοπραξία ἐστίν. » Lorsqu'il y a κοινωνία, il y a toujours κοινοπραξία, mais il peut y avoir κοινοπραξία sans qu'il y ait κοινωνία : la κοινοπραξία est pour ainsi dire l'âme de la κοινωνία.

La définition de la société que le Code civil français, dans son article 1832, nous donne, ne vise, en somme, que la naissance formelle de la société. En effet, ledit Code nous enseigne que « la société est un contrat par lequel deux ou plusieurs personnes *conviennent* de mettre quelque chose en commun, dans la vue de partager le bénéfice qui pourra en résulter ».

Le Code civil russe s'exprime d'une façon plus naturelle et plus explicite, dans son article 2126 ainsi conçu : « La société se compose des personnes qui s'unissent en un tout et agissent ainsi sous un nom commun » (1).

Le Code français pose expressément la condition d'une entente formelle qui donne naissance à la société et ne fait que sous-entendre l'entente tacite et l'existence même de la société. Le Code russe, au contraire, ne pose formellement aucune condition d'entente. Il formule l'existence de la société, sans rien articuler sur la naissance, et sous-entend à la fois l'entente formelle et l'entente tacite. En d'autres termes, le Code français nous parle plutôt de la κοινωνία et nous laisse le soin de supposer la κοινοπραξία, tandis que le Code russe embrasse à la fois la κοινωνία et la κοινοπραξία.

Pour qu'il y ait société, il faut la poursuite au moins

____

(1) Texte russe, Kharkov 1887.

d'un but. Une société sans but ne saurait se concevoir. Une société peut avoir un ou plusieurs buts, restreints ou étendus. Un but restreint peut être déterminé par avance d'une façon précise. Un but étendu ne peut être déterminé par avance que d'une façon approximative. Un but étendu peut contenir plusieurs buts restreints impossibles à énumérer d'emblée. Il convient de ne pas confondre un but étendu, qui peut s'analyser en plusieurs buts restreints, avec un ensemble de buts indépendants, restreints ou étendus.

Une société peut avoir pour but soit l'intérêt propre — immédiat ou médiat — de la société, soit l'intérêt d'autrui, soit les deux intérêts à la fois. Le Code français — à la fin de son article 1832 déjà cité — est donc en défaut en ne prévoyant qu'un intérêt exclusif pour la société.

Pour qu'une société existe, il faut qu'elle soit quelque part. Une société qui ne se trouve nulle part ne peut se concevoir. Mais comment doit-on entendre le lieu où la société se trouve? Est-ce partout où elle poursuit son but? Est-ce partout où il y a au moins un de ses membres ou la majorité de ses membres ou même tous ses membres? Est-ce enfin partout où elle est représentée? Il est difficile de répondre à la question d'une façon catégorique. Une société peut poursuivre son but même là où elle n'a ni représentant ni membre. Un, plusieurs et même tous les membres peuvent se trouver dans un lieu, sans y poursuivre le but de la société. Enfin, la société n'existe pas en réalité là où elle n'est que représentée. Au demeurant, le lieu où se trouve la société ne peut être

déterminé *a priori ;* il faut avoir en vue une société donnée pour décider dans tel ou tel sens.

La durée de la société varie. Cette durée peut être instantanée, ou plus ou moins prolongée (1). Aucune société
ne paraît être éternelle. Il est probable que tant qu'il
y aura des êtres humains, il y aura des sociétés. Mais
l'homme n'est pas éternel ; la race humaine, disent les
spécialistes, ne saurait durer infiniment.

Souvent, pour qu'une société existe, elle n'a pas besoin d'un capital. Mais souvent aussi sans capital telle
ou telle société ne saurait exister. Par capital, il faut
entendre toute ressource matérielle : fonds de terre, bâ-
tisse, argent, instruments, etc., etc. Fréquemment, la
société, pour fonctionner, ne peut compter sur la pure
action corporelle ou intellectuelle de ses membres. Le
capital vient à l'appui de cette action, sans jamais pouvoir être l'unique agent dans la création et le fonction-
nement de la société.

Enfin nous devons nous rappeler que deux ou plusieurs sociétés peuvent unir leur action dans un ou plusieurs buts communs et former ainsi des sociétés composées. Et, par contre, une société, tout en restant une,
peut se subdiviser en deux ou plusieurs groupements
pour fonctionner plus à son aise.

(1) Opinion contraire (seulement prolongée) : Herbert Spencer :
Principes de sociologie, trad. p. E. Cazelles. 2e vol. Paris 1870, p. 2.

§ 2. — La société et l'Etat

« La société, suivant Bluntschli (1), est une union accidentelle d'individus..., la société n'est qu'une liaison changeante de personnes, dans les limites de l'Etat ». Par contre, selon ce jurisconsulte, « l'Etat est un ensemble d'hommes composant une personne organique et morale sur un territoire donné, dans la forme de gouvernants et de gouvernés ».

Cette distinction entre la société et l'Etat est inadmissible. La société ne résulte pas nécessairement d'un accident, d'un hasard. L'Etat n'est pas une personne organique, ainsi que nous le verrons en son lieu (2). La liaison des personnes unies en Etat est aussi changeante que la liaison des personnes unies en n'importe quelle société. Enfin, circonscrire fatalement la société dans les limites d'un Etat, c'est contrarier l'évidence des faits.

Stein (3) appelle « société (*Verein*) », dans le sens large du mot, l'unité de la vie établie par l'acte libre de la volonté individuelle..., l'union libre des individus qui se trace à elle-même dans la vie en commun son but et son moyen, ou bien l'action organique libre de la communauté humaine ». Et la communauté, suivant Stein,

(1) Bluntschli : *Théorie générale de l'Etat*, l. c. p. 91 et 17.
(2) Voir chapitre III, p. 49-67.
(3) Dr Lorenz Stein : *Die Verwaltungslehre* (9 vol.), 1er vol., 3e partie : Die Vollziende Gewalt (Das System des Vereinswesens und des Vereinsrechts), 2e édit. Stuttgart 1869, p. 5, 9, 21, et 1er vol., 1re partie, p. 4.

« est un rapport, entre individus, qui n'a encore ni
corps, ni forme ». Quant à l'Etat, Stein pense que
« c'est la communauté élevée à la personnalité autodéterminée, c'est-à-dire à l'individualité externe et interne ». « L'Etat, ajoute-t-il, est aussi peu une société
qu'une personnalité est un accord (*Vertrag*); nous pouvons aussi peu remplacer l'Etat par la société que prendre une volonté pour en faire un homme. La société
remplit l'Etat avec la liberté, mais elle n'est pas l'Etat ».
En d'autres termes, l'Etat serait une personnalité. La société ne le serait pas; elle ne serait qu'une entente libre,
qui servirait comme volonté à l'Etat.

Tout cela est bien vague.

D'après Palma (1), la société, c'est l'ensemble des citoyens d'un Etat « en tant qu'ils n'agissent pas comme
une communauté politique [comme un Etat], mais en
tant qu'ils exercent et développent toute leur riche activité individuelle, physique, économique, intellectuelle,
morale et coopérative, indépendamment et en dehors de
l'action directe des pouvoirs publics ». En d'autres termes, la société, suivant Palma, c'est l'Etat sans ses pouvoirs publics. Par conséquent, l'Etat, avec ses pouvoirs
publics, n'est pas une société, et sans eux, il devient une
société.

Nous pensons que Palma, pour suivre la logique, aurait
dû nous enseigner que l'Etat est une société (2), et que,

(1) Palma : *Corso di Diritto costituzionale*, vol. 1er, 3° édit. Firenze
1883, p. 102-103.

(2) Θ. Ν. Φλογαΐτης (Ἐγχειρίδιον συνταγματικοῦ δικαίου. Ἀθήνησι 1879 p. 5):
Ἐξεταζομένη ὡς ὑποβεβλημένη εἰς κυβέρνησιν καὶ πολίτευμα ἡ κοινωνία καλεῖται
πολιτεία ἢ πολιτειακὴ κοινωνία.

même sans ses pouvoirs publics, il est encore une société, quoique déjà bien inférieure.

Suivant Ferraris (1), « la société est la coordination des individus — appartenant à un certain peuple — dans des classes fondées sur les intérêts économiques, physiques, intellectuels ». Ferraris exclut de la société le souverain, les membres du corps législatif, la hiérarchie civile, l'armée, comme constituant des classes dont la position et l'existence dépendent de l'organisme même de l'Etat. Il en exclut également le clergé, comme s'agissant d'une institution qui a un caractère à part et dont l'influence se fait sentir aussi bien dans la société que dans l'Etat. Le mot société, dit enfin Ferraris, « désigne un être non séparé mais distinct de l'Etat ». En somme, pour Ferraris, ainsi que nous l'a déjà fait entendre Palma, la société est l'Etat sans ses pouvoirs publics. La particularité de la théorie de Ferraris consiste en ce qu'il exclut le clergé à la fois de la société et de l'Etat.

Si le clergé n'est ni dans la société ni dans l'Etat, où est-il?

Suivant Ruiz (2), « la société et l'Etat ont des caractères communs et des caractères distincts. L'union d'hommes, le territoire déterminé et l'organisation se retrouvent aussi bien dans la constitution de la société que dans celle de l'Etat. La société diffère de l'Etat en ce

(1) C. F. Ferraris : *Saggi di Economia e Statistica e Scienza dell' Amministrazione* Torino 1880, p. 12-17.

(2) G. A. Ruiz : *Societa e Stato* (*Archivio di diritto pubblico*, sept-oct. 1891, p. 369 s.).

que la première a une organisation naturelle et spontanée, tandis que le second a une organisation artificielle ; ensuite, le but de l'une sont les besoins humains et sociaux, tandis que le but de l'autre est la tutelle du droit ».

Contrairement à ce que pense Ruiz, il convient d'affirmer ici que l'organisation de l'Etat ne saurait être *a priori* artificielle. Ensuite, il y a à remarquer que l'antithèse entre les besoins humains, sociaux, et la tutelle du droit ne peut se soutenir. Est-ce que la tutelle du droit n'est pas un besoin humain et social ?

Scolari (1) : « La société, c'est l'ensemble des institutions que la diversité des actions humaines fait naître. Chacune de ces institutions correspond à une certaine espèce d'actions. L'Etat, qui a des caractères propres, est une de ces institutions ». En somme, pour Scolari, la société est composée de plusieurs éléments (institutions) dont un est l'Etat.

Cette théorie a l'air de confondre le sens du mot Etat avec le sens du mot gouvernement. On ne saurait pourtant trop se garder contre une pareille confusion.

Pour Worms (2), « la société, c'est le groupement spontané des êtres ; au contraire, l'Etat a sa source dans des faits — assujettissement ou contrat — qui sont des manifestations expresses de la volonté et de l'intelligence humaines ». Et ailleurs : « Le lien de l'Etat est peut-être

(1) Scolari : *Intituzioni di scienza politica*. Pisa 1871, p. 295-296.
(2) René Worms : 1) Sciences naturelles et sciences sociales (*Revue du droit public*, juillet-août 1896, p. 66-67) ; 2) *Organisme et société* p. 45-46, 190, 382. Paris 1896.

d'ordre purement juridique ou politique, mais il repose sur un lien économique et psychique des individus, qui constitue précisément la société. Si donc l'Etat est une personne, la société doit être l'organisme qui en forme le support ». Worms, après avoir établi une distinction entre l'Etat et la société, a l'air de les confondre en nous disant : « Un contrat, du moins un contrat d'association, se trouve en principe rompu par la mort d'un seul des co-contractants. Puisque l'Etat survit, au contraire, à la disparition d'un — ou même d'un grand nombre — de ses membres, c'est qu'il n'est ni une machine, ni le résultat d'un contrat. Qu'est-il donc? Un organisme ». Worms va même encore plus loin et confond à peu près comme Scolari l'Etat et le gouvernement.

Peut-être que Worms se fera une idée plus nette de la différence qui existe entre l'Etat et la société en lisant le passage suivant de Ferri (1) : « Société et Etat sont substantiellement la même chose envisagée de deux côtés différents. La société est l'organisme collectif envisagé seulement comme association bio-psychologique d'individus. L'Etat est la société même envisagée dans son organisation juridique : l'Etat n'est que la société juridiquement organisée ». Donc même d'après Ferri, qui admet pourtant que la société est un organisme, « il n'existe aucune distinction *substantielle* entre la société et l'Etat ».

Mohl (2) : « L'Etat est un organisme durable unissant

---

(1) Henri Ferri : *La sociologie criminelle*, p. 337₁. Paris 1893.

(2) Robert von Mohl : 1º *Encyclopädie der Staatswissenschaften*, 2e éd. Tubingen, 1872, p. 71, 27. 38 (note). 2º Voir : *Geschichte und Literatur der Staatswissenschaften*, Bd. 1. Erlangen 1855.

les institutions qui ont le devoir de faire avancer les buts
vitaux d'un certain peuple compris dans un territoire
donné. Ces institutions, dirigées par une volonté générale et soutenues par une force publique, interviennent
en tant que l'individu et la société ne peuvent pas atteindre avec leurs propres forces lesdits buts, et en tant que
l'individu et la société sont un obstacle à la réalisation
d'un besoin commun. La société, c'est l'ensemble des
organismes et des communautés nés d'un intérêt commun, dans un pays déterminé. Pour concevoir la société,
la frontière territoriale n'est pas nécessairement requise,
non plus que l'extension uniforme sur le même peuple
de tous les développements sociaux de la même espèce ».

Holtzendorff (1) admet l'opinion de Mohl sur la conception de la société, sous la réserve que le sentiment général d'union doit en être écarté, car autrement, ajoute-t-
il, la société ne serait autre chose que le peuple.

Jhering (2) : « L'Etat est la société qui contient en elle
la force publique réglée et disciplinée. La conception de
la société coïncide en partie avec la conception de l'Etat:
mais seulement en partie : c'est-à-dire en tant que le but
social pour être atteint a besoin de l'intervention de la
contrainte extérieure. Géographiquement, le domaine de
la société diffère du domaine de l'Etat, le premier s'é-

(1) Franz von Holtzendorff : *Die Principien der Politik*, 2e éd.
Berlin 1879, p. 281.

Voir aussi Hauriou : *Science sociale traditionnelle, passim,* et notamment p. 354 suiv. et 375. Paris 1896.

(2) Rudolph von Jhering : *Der Zweck im Recht.* Leipzig 1884,
1 vol. p. 308, 89.

tendant sur toute la terre, le second finissant avec les limites du territoire de l'Etat ».

Les théories admises par Mohl, Holtzendorff, Jhering se rapprochent, suivant nous, de la vérité, sans y arriver complètement. Ces théories contiennent quelque chose de confus. En effet, on ne saurait comprendre une formule qui veut qu'une société tantôt reste dans l'Etat et tantôt en sorte.

Alfred Fouillée (1) : « Nous n'accordons pour notre part qu'une valeur toute relative à l'antithèse entre la société et l'Etat qui est aujourd'hui à la mode en Allemagne. La société civile est déjà implicitement politique ; l'Etat n'est qu'une convention plus explicite, relative à un objet plus spécial : le gouvernement de tous ».

Ahrens (2) : « Parmi les sociétés il s'en trouve une dont le but principal consiste dans l'application et le développement du droit et de la justice... L'institution sociale existante qui proclame ouvertement ce but et qui le pose en principe régulateur de son organisation et de ses lois, c'est l'Etat comme société civile et politique. La société est un ensemble d'institutions organiques toutes soumises aux mêmes lois d'indépendance et de corrélation ; elle est, à vrai dire, non pas un seul Etat, mais une confédération d'Etats constitués par les ordres politique, scientifique, artistique, industriel et moral ». En somme, pour Ahrens, l'Etat est une société et la *société* s'identifie avec l'Etat.

(1) Alfred Fouillée : *Science sociale contemporaine.* Paris 1880, p. 10.
(2) Ahrens : *Cours de droit naturel.* Bruxelles 1833, p. 351, 500.

Cicéron (1) nous donne, d'une façon indirecte, une définition de l'Etat qui comprend formellement la κοινωνία
aussi bien que la κοινοπραξία : « *Res publica res populi est...
omnis civitas constitutio populi est... Populus autem non
omnis hominum cœtus quoque modo congregatus, sed cœtus
multitudinis* JURIS CONSENSU *et* UTILITATIS COMMUNIONE *socia-
tus* ». Ainsi, la définition de Cicéron qui concerne l'Etat
est à peu près la définition du Code russe qui concerne la
société (2).

Locke (3) désigne l'Etat par « société civile », et l'oppose
à l'état de nature, qu'il considère comme une société
inférieure.

Rousseau (4) également entend l'Etat comme une
société : « La famille est, si l'on veut, le premier modèle
des sociétés politiques... Toute la différence est que dans
la famille l'amour du père pour ses enfants le paie des
soins qu'il leur rend, et que dans l'Etat, le plaisir de
commander supplée à cet amour que le chef n'a pas pour
ses peuples... Chacun de nous met en commun sa personne et toute sa puissance sous la suprême direction de
la volonté générale ; et nous recevons en corps chaque
membre comme partie indivisible du tout... Cette personne publique qui se forme ainsi par l'union de toutes
les autres, prenait autrefois le nom de cité ».

(1) Cicéron : *De Republica*, liv. I, §§ XXV, XXVI.
(2) Voir ce chap., § I, p. 33.
(3) Locke : *Gouvernement civil*, trad. par Mazel. Genève, 1724, p.
120. Voir aussi : Etienne Vacherot : *La Démocratie*. Paris 1860,
p. 24.
(4) J.-J. Rousseau : *Contrat social*. Amsterdam 1772, p. 5, 23.

Aristote (1) nous dit catégoriquement que l'Etat est une société : « Ἐπειδὴ πᾶσαν πόλιν ὁρῶμεν κοινωνίαν τινα οὖσαν, καὶ πᾶσαν κοινωνίαν ἀγαθοῦ τινος ἕνεκεν συνεστηκυῖαν (τοῦ γάρ εἶναι δοκοῦντος ἀγαθοῦ χάριν πάντα πράττουσι πάντες), δῆλον, ὡς πᾶσαι μὲν ἀγαθοῦ τινος στοχάζονται, μάλιστα δὲ, καὶ τοῦ κυριωτάτου πάντων, ἡ πασῶν κυριωτάτη καὶ πάσας περιέχουσα τὰς ἄλλας· αὕτη δέ ἐστιν ἡ καλουμένη πόλις καὶ ἡ κοινωνία ἡ πολιτική. »

§ 3. — L'Etat est une société.

Pour qu'il y ait société, avons-nous dit, il faut plus d'un individu. L'Etat précisément est composé de plus d'un individu. On ne saurait comprendre un Etat avec un seul individu. En principe, deux individus suffisent pour constituer un Etat. En pratique cependant, il faut que les individus réunis en Etat soient assez nombreux pour suffire à tous les besoins que l'être humain ressent. Le nombre maximum d'individus que l'Etat doit comprendre ne saurait être fixé *a priori*. Il convient toutefois, pour la prospérité de l'Etat, que ce nombre ne soit pas trop considérable.

Dans l'Etat, nous trouvons également le second élé-

----

(1) Ἀριστοτέλους πολιτικά, liv. I, ch. I.

Dans le même sens : A. Batbie : *Droit public*. Paris 1885, 1er vol. p. 2 — A. St-Girons : *Droit constitutionnel*, 2e éd. Paris 1885, p. 10. — Georg Meyer : *Lehrbuch des deutschen Staatsrechts.* Leipzig 1878, p. 1, 2. — Félix Moreau : *Droit constitutionnel.* Paris 1892, p. 26. — V. V. Sokolski : *Rouskoé goçoudarstvennoé pravo* (Droit public russe), p. 2. Odessa 1890.

ment de la société, c'est-à-dire la coopération. Dans l'Etat, on s'entr'aide et, en s'entr'aidant, on coopère. Peut-on s'imaginer un Etat où chacun puisse faire à sa guise ? Evidemment non. Un Etat où il n'y aurait pas de coopération ne saurait exister un seul instant.

L'action de l'Etat peut comprendre des actes simultanés, consécutifs. L'ensemble des actes qui émanent des membres de l'Etat constitue la coopération nationale ; les étrangers peuvent ajouter à cette coopération. Parmi les coopérants, les uns se connaissent, se voient, les autres ne se connaissent pas, ne se voient pas.

La coopération dans l'Etat est tantôt consciente, tantôt inconsciente, suivant les cas et selon les personnes.

En général, la nature humaine subit si puissamment l'influence du milieu dans lequel elle se trouve qu'elle ne songe même pas à s'en délivrer. L'homme agit comme ses semblables, sans s'en apercevoir et sans se demander pourquoi il n'agit pas autrement. L'homme qui change de milieu et va dans un autre, pareil à celui qu'il vient de quitter, n'éprouvera aucune difficulté de coopérer avec les nouveaux associés, comme il le faisait avec les anciens.

Souvent toutefois, l'homme n'agit pas spontanément et sans réflexion. Tel ou tel individu, dans telle ou telle action, offre son concours ou le refuse. Mais le refus de coopérer ne peut être absolu. La personne qui trouble la coopération d'une manière plus ou moins grave ne pourra pas vivre libre dans l'Etat.

La coopération dans l'Etat peut être tacite ou formelle.

Le plus souvent, la coopération est tacite. Le membre

de l'Etat coopère avec les autres membres, sans en faire une déclaration expresse. Les personnes qui arrivent du dehors peuvent procéder de la même façon.

La coopération formelle consiste dans une déclaration de coopérer. Plusieurs personnes en masse peuvent se faire mutuellement la promesse de s'entr'aider en se constituant en Etat (1). Des personnes isolées peuvent faire ladite déclaration à l'ensemble des membres d'un Etat déjà constitué. Le premier cas est tout au moins rare. Fréquent est le second cas, qui se produit à l'occasion de la naturalisation.

L'Etat a un but. On ne saurait concevoir l'Etat sans but. Le but de l'Etat est très étendu. Ledit but peut se décomposer, théoriquement, en plusieurs buts restreints, dont l'atteinte est poursuivie au fur et à mesure. Ces buts, toutefois, ne sont pas indépendants les uns des autres. On ne saurait comprendre un Etat avec des buts indépendants. Les individus, les sociétés inférieures tendent à des buts qui sont englobés dans le but étendu de l'Etat. Il ne nous appartient pas d'entrer ici dans des détails pour déterminer le but de l'Etat; c'est l'affaire de la science politique tout entière.

L'Etat a pour but l'intérêt de la chose publique. L'Etat est essentiellement une société égoïste. L'Etat ne connaît pas le dévouement désintéressé qui irait jusqu'au sacrifice de son existence. L'altruisme même qui n'impliquerait aucun risque n'est pas dans le tempérament de l'Etat; néanmoins, l'histoire nous en donne quelques exemples.

(1) Voir ce chapitre, § 3, p. 48$_1$.

L'Etat se trouve dans son territoire. Le territoire comprend la terre ferme et les eaux. Le territoire de l'Etat peut être continu ou discontinu. Le territoire discontinu peut se composer de parties dispersées sur différents points du globe terrestre. L'Etat ne peut se concevoir sans territoire propre. Dans ce territoire ne doivent pas nécessairement se trouver tous les membres de l'Etat. Les citoyens qui émigrent, en général, ne perdent pas leurs droits et ne se déchargent pas de leurs obligations. Toutefois, les citoyens qui s'expatrient ne peuvent plus mettre toute leur activité au service de leur pays.

La part prise par les étrangers, résidant dans l'Etat, à l'action commune des nationaux est limitée par les lois politiques. Les nationaux ne sont pas toujours en majorité dans l'Etat. Lorsque les étrangers y sont en très grand nombre, la chose publique en souffre. La naturalisation, qui doit devenir de plus en plus facile, est certes à ce mal un remède souverain.

Enfin, les étrangers qui sont au delà de la frontière ne sont pas dans l'impossibilité de coopérer avec les habitants de l'Etat. Les relations internationales augmentent de plus en plus.

En théorie, la durée de l'Etat peut être instantanée. En effet, un « oui » et un « non » d'un souverain peut suffire pour créer et supprimer d'emblée un Etat. En réalité toutefois, d'une manière générale, la durée de l'Etat est plus ou moins prolongée.

L'Etat a besoin d'un capital pour vivre et prospérer. A la rigueur, on pourrait comprendre un Etat sans capital propre. Cette conception paraît être de plus en plus incompatible avec notre goût de civilisation. Le capital de l'Etat provient soit des biens appartenant à la communauté politique, soit des redevances fournies directement ou indirectement par les contribuables.

En somme, l'Etat a tous les éléments de la société. La combinaison des caractères de la société apparaît dans l'Etat en toute sa fécondité. L'Etat, dès lors, est non seulement une société, mais la société la plus complète.

Enfin n'oublions pas que deux ou plusieurs Etats peuvent s'unir d'une manière plus ou moins prononcée pour former une nouvelle société qui prendra le nom de confédération d'Etats, Etat fédératif, Etat unitaire, etc. Et, par contre, un Etat plus centralisé que de raison, tout en restant un, peut se relâcher un peu, en accordant l'autoadministration à certaines de ses subdivisions territoriales, et donner ainsi naissance à des sociétés subordonnées (1).

(1) On a souvent dit et répété à satiété (exemple récent : Bornhak : *Allgemeine Staatslehre*, p. 3 et suiv. Berlin 1896) que l'histoire ne connaît pas d'Etat formé à la suite d'une entente formelle. Pourtant Athènes, sous Thésée, et Rome, sous Romulus, n'ont pas été formées autrement. De nos jours, sans parler des Etats fédératifs proprement dits, nous pouvons citer comme Etat formé à la suite d'entente formelle la Pennsylvanie. On sait, en effet, que la Pennsylvanie fut donnée en propriété à William Penn par une charte du roi d'Angleterre, Charles II, du 4 mars 1681. Penn et ses compagnons jetèrent les fondements de l'organisation politique de la Pennsylvanie ; l'organisation fut arrêtée dans deux chartes de 1683 et 1696. Ces deux derniers documents portent la signature de W. Penn accompagnée de celle des membres de l'assemblée et de plusieurs habitants.

CHAPITRE III

L'ÉTAT EN TANT QU'ORGANISME

§1. — L'Etat et l'organisme en face de la société.

Conformément aux développements contenus dans le chapitre précédent, nous tenons comme acquis que l'idée d'une société en tant qu'entité distincte n'a aucune consistance. N'admettant pas l'existence de la Société (avec S majuscule, comme on se plaît à écrire le mot), nous ne saurions songer à prouver qu'elle n'est pas un organisme. Le néant est tout simplement néant (1).

La société en elle-même ne pouvant pas être conçue comme une entité concrète, pour l'étudier, il est absolument nécessaire de prendre en considération une société déterminée.

La société Etat nous préoccupe ici spécialement. Nous voulons savoir si elle est un organisme ou si elle ne l'est

(1) Worms, ignorant notre travail sur l' « Etat en tant que société (paru dans la *Revue générale du droit*, en 1893, p. 385) », à propos de notre article sur l' « Etat en tant qu'organisme (paru dans la *Revue du droit public*, en 1896, p. 279, mars-avril) », a cru, dans son article sur les « Sciences naturelles et sciences sociales (voir *Revue du droit public*, juillet-août 1896, p. 66-67) », que nous pouvions encore admettre que la société était un organisme, tout en attaquant l'idée qui fait de l'Etat un organisme.

Combothecra   4

pas. En démontrant que l'Etat ne peut pas être considéré comme un organisme, nous démontrerons simplement qu'une société donnée : l'Etat, ne saurait être un organisme. Et quand Worms (1) se figure que lorsqu'on réfute la thèse qui fait de l'Etat un organisme, on s'attaque à une doctrine qui ne compte plus guère de partisans, il émet une affirmation inexacte.

§ 2. — Définition de l'organisme.

Organisme vient d'ὀργανισμός ; ὀργανισμός d'ὀργανίζω ; ὀργανίζω d'ὄργανον. Ὄργανον signifie instrument machinal ou vital. Dès lors, dans le sens littéral du mot, organisme veut dire arrangement d'instruments de l'une ou de l'autre espèce. Toutefois, actuellement, dans le langage courant, on entend par organisme un être vivant composé d'ὄργανα, dont chacun est doué d'une capacité qui est mise au service du tout. Dans ce sens, l'organisme est une création de la nature, sans intervention aucune d'une volonté quelconque. En d'autres termes, par organisme, on entend d'emblée un organisme vivant, naturel et spontané. On va cependant plus loin et on admet un organisme instinctif ou conscient, être animé multiple résultant d'une entente plus ou moins formelle des membres qui le composent. Enfin, on se sert quelquefois du mot organisme par pure analogie, sans attacher aucune importance au sens réel.

(1) Worms : *Sciences naturelles*, etc., *l. c.*

§ 3. — **L'organisme dans le sens propre du mot et l'Etat.**

L'Etat ne saurait être considéré comme un organisme spontané (1), à l'instar d'une plante, d'un animal, d'un individu humain. En tout cas, il ne nous apparaît pas

(1) Πλάτωνος νόμοι, VIII : δεῖ δὲ τὴν πόλιν καθάπερ ἕνα ἄνθρωπον ζῆν εὖ. — Grotius (II, IX, 3) : *quia scilicet populus est ex eo corporum genere, quod ex distantibus constat, unique nomini subjectum est, ut habet* ἕξιν μίαν, *ut Plutarchus, spiritum unum.* — Spinoza : *Homines..... omnes in omnibus ita conveniant, ut omnium mentes et corpora unam quasi mentem unumque corpus componant.* — Fichte (*Naturrecht ; Der geschlossene Handelsstaat*) appelle l'Etat « organische Erscheinungsform Gottes ». — Schelling (*System des transcendent. Idealismus ; Uber das Studium der Historie und der Jurisprudenz*, Iena 1802), nomme l'Etat « die vollendete Welt der Geschichte, eine ideale Natur als der äussere Organismus einer in der Freiheit selbst erreichten Harmonie der Nothwendigkeit und Freiheit ». — Const. Frantz (*Vorschule zur Physiologie der Staaten ; Naturlehre des Staates*), considère l'Etat comme une essence physique et nullement le produit de la volonté. — Th. et Fr. Rohmer (*Lehre um den politischen Parteien*, 1844) comparent les partis politiques aux divers âges de l'homme. — Les auteurs qui suivent comparent l'Etat à l'homme et ses différentes formes aux divers âges de l'homme : C. Th. Welcker (*Letzte Gründe von Recht, Staat und Strafe*, 1813. — Warnkönig (*Rechtsphilosophie als Naturlehre des Rechtes*, 1839). — Bluntschli (*Geist und Charakter der politischen Parteien*, 1869, *Studien über Staat und Kirche, Der Staat ist der Mann*, dans *Gesammte Kleine Schriften*, t. I, p. 260, Nördlingen 1879). — Zachariæ (*Vierzig Bücher vom Staat*), etc., etc. — Voir également les sociologues parlant plutòt de la société : Espinas (*Sociétés animales.* Paris 1876 ; Etudes sociologiques en France, dans la *Revue philosophique*, Paris 1882), soutient que l'individu est une société et que la société est un individu vivant, un corps organique. — Ed. Perrier (*Colonies animales.* Paris 1881) écrit que « l'individu est une association de parties combinées de manière à former un tout capable de vivre par lui-même (p. 766) ». — Schaeffle (*Structure et vie du corps social*) admet

comme tel dès le premier moment. Pour que la conception organique spontanée puisse être admise, il faut donc qu'elle soit au préalable prouvée. Or, ses partisans n'ont jamais réussi à faire la démonstration exigée.

On compare les individus qui composent une société humaine aux cellules qui constituent l'être animé. C'est fort bien. Mais on va jusqu'à identifier les cellules et les individus. L'identification est arbitraire (1).

Le corps d'une société, de l'Etat, n'est pas indivis comme l'est le corps d'un être organique non inférieur. Il n'est tout au moins pas sûr que les cellules puissent, suivant leur volonté, se fondre en un être organique et se disjoindre après s'être unies, — comme il est évident et incontestable que les individus peuvent, suivant leur

que la société est un être vivant, sans lui donner le nom d'organisme. — Bordier (*Vie des sociétés*) et de Lilienfeld (*Pensées sur la science sociale de l'avenir ou la société humaine considérée comme organisme réel*) sont plus affirmatifs que Schaeffle. — Izoulet (*Cité moderne*. Paris 1895), est tout près de croire que la société est un organisme. — Pioger (*La Vie sociale, la Morale et le Progrès*. Paris 1894) admet que la société n'est comparable qu'à un organisme d'ordre inférieur. — Balicki (*L'Etat comme organisation coërcitive*. Paris 1896) admet que « la société n'est que la nation organisée ou, ce qui revient au même, l'ensemble de la vie fonctionnelle de la Nation (p. 25) ». Les auteurs suivants ne considèrent pas la société comme un organisme : Letourneau (*La Sociologie*). — Tarde (Les monades et la science sociale dans la *Revue internationale de sociologie*, nos 2 et 3 ; *Logique sociale*, p. 127 et suiv. Paris 1894). — Guillaume (*Introduction à la sociologie*). — Vareilles-Sommières (*Les principes fondamentaux du droit*, p. 169 et suiv.), etc., etc. — Notons encore : G. Abate Longo : *Partizione organica della scienza del diritto.*

(1) Voyez C. F. von Gerber : *Grundzüge des deutschen Staatsrechts,* 3ᵉ éd. Leipzig 1880, p. 1-2 et 217-225. — L. Gumplowicz : *Sociologie und Politik.* Leipzig 1892, p. 53, 54, 73, 74, 85, 86. — E. Lingg : *Allgemeine Staatslehre.* Wien 1890, p. 32-40.

volonté, se constituer en une société et se dissoudre après s'être associés.

Si, à la rigueur, on peut admettre que l'Etat, à l'exemple de tout organisme vivant spontané, est un ensemble de cellules ou un ensemble d'agglomérations cellulaires, on doit rejeter la prétention que la raison de l'assemblage est la même dans les deux cas. Nous savons que des Etats se sont formés à la suite d'un accord, alors que l'on ne nous a jamais démontré la formation d'une fleur, par exemple, à la suite d'une entente de ses parties constitutives.

Si certaines cellules, dans les organismes spontanés très inférieurs, tout en composant un tout, ont en même temps une existence à part, cela ne nous apparaît d'aucune manière dans les organismes spontanés supérieurs.

Le corps d'un organisme spontané est d'une substance délimitée et compacte, alors que celui de l'Etat est d'un composé mouvant et insaisissable.

Un être, organisme spontané, occupe fatalement un espace ; or, si l'Etat était un organisme spontané, il comprendrait tout le territoire étatique et il n'y aurait plus de place pour aucun autre organisme.

L'organisme spontané ne se conçoit pas obéissant à une parcelle de son corps, comme le fait l'Etat lorsqu'il se soumet à l'autorité judiciaire.

L'organisme spontané nécessairement naît, se développe et meurt, alors qu'il n'en est pas exactement ainsi de l'Etat. Ce dernier peut ne pas commencer son existence d'une manière rudimentaire et sa disparition n'est nullement inévitable (1).

§ 4. — Organismes amphigouriques ou hybrides et l'Etat.

On a cherché à éviter les contradictions que nous venons de signaler en imaginant une conception organique amphigourique ou hybride.

« L'Etat, enseigne Bluntschli (2), n'est pas un instrument sans vie, une machine morte, mais un être vivant et par suite organique. Sans doute, l'Etat n'est point une production de la nature ; il est l'œuvre indirecte de l'homme. Il trouve bien dans la nature humaine des conditions de naissance et de formation et sous ce

(1) Notons un moyen commode qui consiste dans le fait de démontrer qu'il y a analogie entre l'organisme et une société ou la *société*, puis d'en conclure brusquement, en faisant pour ainsi dire intervenir un *deus ex machina*, que la société doit tout de même être considérée purement et simplement comme un organisme. Le moyen a été même élevé en doctrine. C'est ainsi que Espinas (Etudes sociologiques, troisième article dans la *Revue philosophique*. 1882, p. 510), a écrit : « L'assimilation de l'organisme social à l'organisme individuel est hypothétique, mais elle repose sur de puissantes analogies et revêt ainsi la haute probabilité qui s'attache à une théorie scientifique en voie de démonstration ». De même Ferri (*l. c.*, p. 336₁), — répondant à Gabba (*Problemi di scienza sociale*. Firenza 1881), qui nie que la société soit un organisme, ne la considérant que comme une similitude métaphorique, — a écrit : « Mais la science, qu'est-ce vraiment autre qu'une série de similitudes et de ressemblances métaphoriques ou superficielles? Connaître un fait, n'est rien de plus que le comparer avec d'autres faits. » Voyez X. S. Combothecra : *Conception du droit et de la politique*, *l. c.* § 3.

(2) Bluntschli : *Théorie générale*, *l. c.*, p. 14.

rapport on peut dire qu'il est un fondement naturel. Mais la nature a laissé à l'homme le soin de mettre en œuvre et de réaliser ses dispositions ; sous ce rapport l'Etat est un produit de l'activité humaine, et dans ses manifestations il ne fait qu'imiter les organismes naturels ».

« Lorsque l'instinctif devenir, *le croître*, écrit Gareis (1), n'est conçu que comme attribut de l'essence organique par opposition à l'essence mécanique, c'est seulement à la théorie étatique organique qu'il est possible et permis de l'introduire comme élément dans les communautés et non à la théorie atomistique. A l'organique *croître*, par opposition au serremeut réciproque mécanique, est propre l'intussusception, c'est-à-dire le fait que les parties nouvellement arrivées pénètrent dans le corps existant et se logent entre les anciennes parties. Les actes de l'Etat, selon la théorie organique, émanent de son essence intérieure, alors même qu'ils consistent en l'appropriation d'une matière étrangère : telle une annexion d'un Etat indépendant par un autre plus puissant ».

« L'essence de la théorie organique, aussi bien dans le domaine de la science naturelle que dans celui de la science du droit, nous dit Preuss, c'est l'organisme. L'organisme est une union de parties hétérogènes formant un tout capable de vie. Il est une unité dans la pluralité : la pénétration de l'unité par la pluralité crée l'organisme. La simple pluralité est quelque chose d'inorganique, une juxtaposition. La simple unité est une masse

______

(1) Gareis : *Allgemeines Staatsrecht*, p. 30. Tübingen 1883.

incohérente, inarticulée. Chaque parcelle organique
subordonne son existence à l'existence de l'ensemble.
Chaque membre est si lié avec les autres membres qu'aucun d'eux ne pourrait être enlevé sans que la cohésion
du tout se dérange. En réalité, la cellule seule est un
individu dans le sens naturaliste du mot. Cependant la
conception et l'essence de l'organisme ne varient pas,
qu'il s'agisse d'une cellule, d'un ensemble de cellules, de
l'homme ou d'une communauté. C'est ainsi que l'Etat est
une essence organique » (1).

« En qualifiant l'Etat d'organisme, écrit Gerber (2),
on entend qu'il est une communauté douée d'une force
interne, d'une vie propre et indépendante et nullement
une communauté mue comme un mécanisme par une
force venant du dehors. La communauté est composée
de plusieurs parties qui prennent le nom de membres.
Ces membres ont une existence à part et ne sont pas
inconscients comme ceux de l'organisme purement naturel. La force interne de la communauté n'est pas locali-
sée sur un seul point, mais agit en chaque membre avec
autodétermination en vue d'un but, sans que pour cela
la volonté générale (du peuple) soit empêchée dans sa
manifestation et dans son action morale ».

Selon Gierke (3), « l'Etat nous apparaît comme un

(1) Preuss (Hugo) : *Gemeinde, Staat Reich als Gebietskörperschaften*,
p. 146, 161-163. Berlin 1889.

(2) C. F. von Gerber : *Staatsrecht, l. c.*, p. 219 ; *Über öffentliche
Rechte*, p. 19. Tübingen 1852.

(3) Otto Gierke : Die Grundbegriffe des Staatsrechts und die neues-
ten Staatsrechtstheorien (*Zeitschrift für die gesammte Staatswissenschaft*, p. 301, 304. Tübingen 1874).

organisme qui est une unité vivante, résultant de la réunion d'autres unités formant un tout nouveau, différent de la somme des parties qui le composent. Les unités dont l'Etat est composé sont des êtres qui ont une existence à part: hommes ou unions d'hommes plus ou moins prononcées. La vie de l'Etat se manifeste dans la vie même de ses membres. Chaque individu humain est doué de qualités d'individuabilité, alors qu'il est en même temps doté de facultés de sociabilité. L'individu humain ne serait pas un individu s'il n'avait pas ces deux genres d'aptitude. La volonté générale n'est pas l'union des volontés individuelles, mais bien une volonté autodéterminée vivant dans l'ensemble d'un certain nombre d'individus. Elle s'affirme par la manifestation chez les individus des facultés de sociabilité qui en se déclarant forment une communauté politique. Cette communauté plane au-dessus des individus et elle existe non seulement en pensée, mais bien d'une manière on ne peut plus réelle. L'individu, tout en subissant une certaine altération lorsqu'il entre dans une communauté, ne conserve pas moins ses caractères essentiels. Individu et communauté s'entr'aident et se complètent, et l'un ne saurait se passer de l'autre. L'Etat est l'union politique la plus puissante. Elle est conduite par la volonté générale qui a à son service la force publique, force par excellence. Le fait de la réunion des individus en Etat n'est pas un acte libre des individus, mais le produit nécessaire de leurs forces de sociabilité. Au demeurant l'Etat est une unité aussi réelle et aussi naturelle que l'individu ».

En résumé, d'après la théorie organique à laquelle nous pouvons donner le nom d'hybride ou d'amphigourique (1), l'Etat nous apparaît comme un organisme vivant tantôt spontané, tantôt instinctif et tantôt conscient. Une volonté générale quoiqu'indivisible loge ses parcelles non détachées dans les individus qui restent tels tout en se fusionnant en communauté étatique organique. Quoiqu'inhérente à l'organisme étatique la volonté générale se manifeste concurremment avec les volontés individuelles qui subsistent tout de même et ne disparaissent pas. Forces d'individuabilité et de sociabilité se rencontrent, se choquent sans s'anéantir. Etat et individu sont, selon tel ou tel point de vue, tantôt des pluralités, tantôt des unités ou les deux à la fois. Et l'intussusception ou pénétration achève la confusion.

§ 5. — Essence de l'Etat.

Nous n'avons aucune difficulté d'admettre que l'Etat est une unité aussi réelle et aussi naturelle que l'individu. Ce que nous devons repousser, c'est la doctrine de l'identité plus ou moins prononcée des deux unités quant

(1) Voyez également dans le sens de la théorie hybride : Planta : *Die Wissenschaft des Staates oder die Lehre vom Lebensorganismus.* Chur, 1852. — Fricker : Uber die Persönlichkeit des Staates (*Zeitschrift für die gesammte Staatswiss.* XXV). — Waitz : *Politik,* 1862. — Schmitthener : *Zwölf Bücher vom Staat.* — Trendelenburg : *Naturrecht.* — Krause : *Grundlagen des Naturrechts,* 1803 ; *Urbild der Menschheit,* 1808. — H. Ahrens : *Die organische Staatslehre.* — K. Röder : *Naturrecht.* — S. Held : *Staat und Gesellschaft.* — Stahl : *Philosophie des Rechts,* vol. IIme.

à leur essence. L'individu est une unité spontanée ; l'Etat
est une unité voulue. Là est la différence capitale entre
les deux genres de la conception étatique. Certes les individus sont dotés de facultés de sociabilité comme ils
sont doués de tant d'autres aptitudes. Ces aptitudes
cependant sont loin d'être toutes des forces qui dominent
fatalement la volonté libre de l'homme. L'Etat, écrit Lingg,
est — ainsi que toute autre union humaine : famille,
souche, etc., etc. — un organisme, si l'on veut, dans ce
sens qu'il ne provient pas de l'arbitraire et du hasard,
mais au contraire est le résultat d'une certaine conscience
qui se retrouve dans une pluralité d'individus. L'Etat,
tout en n'étant pas un fait spontané, n'est pas non plus
le produit d'une force naturelle comme l'est une plante,
par exemple, dans le monde purement physique (1-2).
Comme le dit fort bien Seydel, on confond l'instinct
générateur avec l'acte créateur. Les hommes qui veulent
un Etat veulent ce qui est conforme à leur nature, mais
cet acte de volonté n'est pas moins libre et nullement
nécessaire (3). « La première communauté, dit à son
tour van Krieken (4), celle de la famille, en vérité est

(1) E. Lingg : *l. c.*, p. 36.

(2) C'est ce qu'Aristote évidemment a pensé en écrivant : Φανερὸν
ὅτι τῶν φύσει ἡ πόλις ἐστὶ καὶ ὅτι ἄνθρωπος φύσει πολιτικὸν ζῶον. Malheureusement il obscurcit sa pensée en ajoutant : Καὶ πρότερον δὴ τῇ φύσει
πόλις ἡ οἰκία καὶ ἕκαστος ἡμῶν ἐστι· τὸ γὰρ ὅλον πρότερον ἀναγκαῖον εἶναι τοῦ
μέρους· ἀναιρουμένου γὰρ τοῦ ὅλου οὐκ ἔσται πούς, οὐδὲ χείρ; εἰ μὴ ὁμωνύμως
ὥσπερ εἴ τις λέγει τὴν λιθίνην· διαφθαρεῖσα γὰρ, ἔσται τοιαύτη ('Αριστοτέλους
πολιτικὰ, liv. 1, chap. I, §§ 9 et 11).

(3) Max Seydel : *Staatslehre l. c.*, p. 1.

(4) Albert Th. van Krieken : *Uber die sogenannte organische Staats-
theorie*, p. 146. Leipzig 1873.

l'œuvre de la nature, mais son avancement au degré de la communauté étatique est un acte conscient de la volonté humaine, de la raison. Du reste, la raison même ne crée pas d'emblée la communauté étatique : elle fait simplement sentir le besoin de cette communauté. On peut vivre conformément ou contrairement à un postulat de la raison, on peut agir raisonnablement ou non, aussi bien à propos de n'importe quel acte qu'à l'occasion de l'établissement étatique. D'accord avec cela il y eut des souches qui préférèrent une existence non étatique, ce qui n'aurait pas été possible si l'Etat était un produit nécessaire de la nature et non un état juridique volontaire ».

L'Etat n'est pas une unité différente de la somme des individus qui la composent. Pour qu'elle pût être différente on devrait pouvoir retrouver dans sa composition non pas les éléments seuls qui l'ont constituée mais encore d'autres. Or, d'après Gierke lui-même, les individus sont doués aussi bien de capacités d'individuabilité que d'aptitudes de sociabilité. Si ces individus n'ont mis ensemble que leur être en tant qu'essence sociable pour former l'Etat, on ne voit pas pourquoi le tout ne serait pas la somme de tous ces éléments. Si au contraire les individus ont réuni en un tout leur être à la fois en tant qu'essence individuable et sociable, la somme de tous ces éléments, tout en se fondant en un être nouveau ne sera pas moins leur somme. Si enfin des éléments inconnus entrent dans la composition, ces éléments ne peuvent émaner que de l'essence des individus qui la constituent, et le tout sera toujours la somme des éléments connus et inconnus. Une telle unité ne saurait s'élever au-dessus des unités qui la composent et les dominer. Emaner d'un ensemble d'unités et dominer en même temps ces unités est un fait on ne peut plus anormal. On comprendrait fort bien les partisans de la théorie organique, s'ils nous disaient que les unités qui constituent l'unité étatique disparaissent dans la fusion après avoir agi pour la composition du tout. Mais alors l'unité étatique ainsi formée se trouverait seule et ne pourrait plus dominer ce qui a disparu en tant qu'unité autodéterminée. D'ailleurs, au contraire, les théoriciens du système hybride admettent la coexistence simultanée de la communauté indépendante et des unités qui la composent douées d'une certaine essence inaltérable.

Si la volonté générale, ainsi qu'on nous l'enseigne, se manifeste chez les individus, il faut bien qu'elle en émane parce qu'autrement on ne comprendrait pas d'où elle viendrait. Mais, en émanant de chaque individu, il faut fatalement qu'elle soit le composé ou le multiple d'un certain nombre de volontés différentes ou semblables. Ainsi, finalement, la logique nous force à trouver que cette volonté générale a pour éléments des éléments exactement pareils aux volontés individuelles. Que la volonté de l'individu ait un but d'individuabilité ou de sociabilité, c'est toujours une volonté individuelle. L'union politique la plus puissante, qui est l'Etat, est certes conduite par la volonté générale telle que nous la concevons, c'est-à-dire, en réalité, par l'ensemble des volontés individuelles (1).

(1) Quoique dans une forme bizarre, dite sociologique, et inutile-

§ 6. — **Utilité de la théorie organique.**

Gierke nous invite à croire que la valeur de la conception organique consiste en l'essai d'édifier la personnalité
juridique de l'Etat, de fixer les caractères internes de
cette personnalité, de démontrer que ces caractères sont
uniformes aussi bien en l'homme que dans l'Etat, de re-

ment métaphorique, la conception, que Raoul de la Grasserie (*L'Etat
fédératif*. Paris 1897) donne de l'Etat en général et tout particulièrement de l'Etat fédératif, parfois n'est pas sans justesse. Il s'exprime ainsi : « La matière sociale est tout d'abord isolée, puis elle
se réunit formant divers Etats, d'abord isolés à leur tour ; puis les
Etats isolés s'unissent d'une manière plus ou moins serrée ; ils sont
alors à l'étāt fédératif ; puis ils ne forment plus qu'une seule masse,
c'est l'Etat unitaire ; enfin celui-ci se démembre et l'on retourne sinon toujours au fédéralisme au moins à la déconcentration et à
la décentralisation (p. 7). Dans la société, comme dans la nature,
tous les facteurs opèrent d'abord d'une manière mécanique,
les causes [la guerre] sont à l'origine purement efficientes. Mais
elles ne restent pas toujours telles, et, après avoir été purement
mécaniques, elles deviennent instinctives [amitiés, haines] et enfin
intentionnelles ; c'est ainsi que la cause efficiente se convertit
lentement en cause téléologique [le commerce et autres intérêts
bien ou mal entendus] (p. 14). Quant aux causes de dissocia-
tion elles sont les mêmes, mais elles agissent dans un sens in-
verse (p. 17). Souvent l'un des Etats de la confédération est hé-
gémonique. Dès lors, il n'y a plus simple coordination, il y a
subordination et hiérarchisation (p. 18). Mais ce n'est pas tout.
Les divers Etats confédérés se polarisent ou, si l'on préfère, se différencient les uns des autres en prenant chacun des emplois spéciaux (p. 29). Ces trois phénomènes : concentration résultant de condensation, hiérarchisation, différenciation agissent et réagissent
l'un sur l'autre incessamment. C'est ainsi que la hiérarchisation
hâte la condensation et fait passer au gouvernement unitaire (p. 22) ».

chercher la différence juridique entre l'indviidu person-
nifié et la communauté personnifiée, et d'en apprécier
le mérite en la concevant d'une manière scientifique (1).

Nous pensons (2) que le fait de considérer l'Etat comme
organisme n'ajoute rien à la conception de la personnalité étatique. Malgré tout ce qu'a pu écrire Preuss, nous
reprenons l'argumentation de van Krieken (3) et nous
affirmons que tout organisme n'est pas forcément une
personne et que toute personne n'est pas nécessairement
un organisme. Preuss (4) admet qu'il y a des organismes
qui ne sont pas des personnes, mais il soutient énergi-
quement que toute personne doit fatalement être un organisme. L'erreur de Preuss provient de ce qu'il suppose
sans raison que dans le domaine du droit on ne désigne
que des essences de vie indépendantes comme personnes.
Pourtant une société anonyme, une fondation, tout en
étant personnes juridiques, ne sont certes pas des
essences de vie et encore moins indépendantes. Nous
n'admettons cependant pas l'argument de van Krieken,
d'après lequel, si l'organisme était forcément une personne, les animaux devraient l'être aussi, alors qu'ils ne
le sont jamais. Il est vrai que les animaux ne peuvent
être d'eux-mêmes des personnes ; ils peuvent néanmoins
entrer comme éléments dans la constitution d'une personne (5). Puis l'homme, l'organisme par excellence, n'a

(1) Gierke : *Grundbegriffe*, *l. c.*, p. 289.
(2) Dans le même sens : Gerber, Gareis, Jellinek, van Krieken, etc., etc.
(3) Van Krieken, *l. c.*, p. 136.
(4) Preuss, *l. c.*, p. 146.
(5) Voir chapitre IV, §§ 1 et 2, p. 68-83.

pas toujours été une personne ; dans certains cas il ne l'est même pas encore aujourd'hui. En effet, les esclaves, même du temps de l'antiquité grecque, étaient considérés comme des choses ; de nos jours, les interdits et autres incapables ne sont pas des personnes.

De bons esprits ont pensé que la conception organique de l'Etat pouvait avoir une certaine utilité. « Elle nous présage, enseigne Gerber, la substance d'une essence sous une forme juridique. Le droit ne s'occupe pas de cette substance d'une manière complète : il ne fait que l'assister en étudiant l'individu en tant que tel. La science juridique se renferme strictement dans son domaine et elle n'attend le succès que de son propre travail. Dès lors, pour le droit public, la désignation de l'Etat comme organisme n'est qu'une image représentative et une simple description de l'état de fait supposé par la conception juridique comme donné et servant de base naturelle sur laquelle s'élève l'édifice des relations de volonté étatiques juridiquement importantes » (1). Jellinek nous dit que « la doctrine qui nous occupe ne veut pas nous fournir une connaissance juridique, mais simplement nous expliquer l'existence naturelle de l'Etat. Elle n'a pour objet que l'ἐντελέχειαν de l'Etat par l'action commune de toutes les forces cosmiques indépendamment de toute idée et de tout but conscient de l'homme » (2). Gareis pense que la théorie organique ne pourrait servir qu'à

(1) Gerber : 1) *Grundzüge, l. c.*, p. 221. 2) *Öffentliche Rechte, l. c.*, p. 20.

(2) Georg Jellinek : *System der subjectiven öffentlichen Rechte*, p. 37. Freiburg I. B. 1892.

éclaircir certains événements concernant la naissance et
le développement de l'État en général, abstraction faite
de toute consécration du droit positif (1). Les auteurs que
nou venons de mentionner avouent cependant qu'en définitive la lumière qui jaillit des explications fournies
n'est pas grande.

On a voulu voir dans la théorie organique tout particulièrement la garantie (2) de la liberté du peuple contre
toute domination d'un seul, par le fait qu'elle écarte toute
idée de contrainte humaine. Cette liberté organiquement
conçue est, à notre sens, inférieure à celle que la réalité
des choses nous démontre.

Enfin, d'une manière générale, Worms (3), après avoir
signalé quelques applications de la théorie organique qui
frisent le ridicule, espère qu'on peut tirer des analogies
organiques un parti d'une importance intrinsèque; il
donne toutefois la première place à l'étude directe de la
société.

Van Krieken (4) soutient que « la doctrine organique
non seulement n'est d'aucune utilité, mais est au contraire
nuisible en arrêtant la progression du droit public par
le fait qu'elle rend théoriquement impossible l'institution
de tribunaux politico-administratifs internes et internationaux ». En effet, ainsi que nous le dit Bluntschli (5),

---

(1) Garcis, *l. c.* p. 30.
(2) Voyez Gerber : *Grundzüge, l. c.*, p. 220. — Dans le même sens :
Γ. Π. Χοϊδᾶς : Περί πολιτείας, p. 10. Athènes 1894.
(3) Worms: *Organisme et société, l. c.*, p. 390.
(4) Van Krieken : *l. c.*, p. 149.
(5) Bluntschli : *Allgem. Staatsrecht*, t. I, p. 558, II, p. 19.

l'État-organisme, n'étant concevable que comme un corps, ne saurait se soumettre à un seul membre tel qu'est forcément tout tribunal, d'après la doctrine organique. Cependant les partisans de la théorie organique hybride ne sont pas très embarrassés, et ils soutiennent que leur manière de voir ne nie pas (1) le caractère juridique des rapports qui existent entre l'État comme unité et ses parties.

En somme, la conception organique de l'État est à rejeter d'une manière absolue. On n'a qu'à réfléchir un peu pour se convaincre que l'État ne saurait être considéré comme un organisme dans le sens courant du mot. Avoir en vue ce qui rapproche en apparence l'État de l'organisme proprement dit et oublier les dissemblances pour les besoins d'une théorie, ce n'est vraiment pas correct. D'autre part, changer le sens ordinaire du mot organisme et lui attribuer un sens incertain et baroque, ce n'est pas remédier aux inconvénients. En effet, nous avons vu que dans la théorie organique hybride aucune conception n'a été formulée par les auteurs d'une manière nette et précise. Ne voulant pas abandonner totalement le sens habituel du mot organisme et cherchant cependant à éviter les écueils, les partisans de la théorie qui nous occupe arrivent à dire à chaque instant le contraire de ce qu'ils avaient dit précédemment. Une conception organique aussi forcément incohérente est sans la moindre utilité, non seulement dans le domaine juridique, mais dans tout le domaine de la science so-

(1) Gierke: *Grundbegriffe, l. c.*, p. 292.

ciale. Et si la doctrine que nous combattons ne nuit pas résolûment au droit public, elle embrouille sans aucun doute les notions juridiques.

·Nous concluons donc que l'État n'est d'aucune manière un organisme et n'a pas besoin de l'être (1).

(1) Ignatio Tambaro (*Le Relazioni fra la costituzione e l'amministrazione*, parte prima, p. 27. Napoli 1898) cite tout au long notre conclusion (la reproduisant de notre article « L'Etat en tant qu'organisme », paru dans la *Revue du droit public et de la science politique* en 1896, vol. V, p. 279) et s'attriste de notre attaque contre la conception organique de l'Etat en s'en déclarant partisan, sans se donner la peine de nous réfuter sérieusement et sans essayer de justifier sa manière de penser par une argumentation nouvelle et solide.

CHAPITRE IV

L'ÉTAT EN TANT QUE PERSONNE

§ 1. — Essence de la personne.

Persona veut dire masque, πρόσωπον (πρὸς ὤψ) veut dire la partie la plus en vue du corps humain, le visage. *Persona* et πρόσωπον, souvent, se confondent. Dans la langue du droit, *persona* et πρόσωπον s'identifient.

La personne (1), c'est un être capable de droits et d'obligations.

(1) Voyez : Savigny, Windscheid, Puchta, Arndts, Brinz, Bekker, et autres romanistes. — Ahrens : *Droit naturel, l. c.*, p. 84. — Holtzendorff : *Encyclopädie der Rechtswissenschaft*, p. 43, 334. Leipzig 1873. — Haenel : *Studien zum d. R. St. R.*, p. 60 (1873). — R. von Ihering : *L'Esprit du droit romain*, t. III (1877), p. 57, t. IV (1878), p. 298, 340, 341, 319, 323. — Zitelmann : *Begriff und Wesen der sogen. juristischen Personen*. Leipzig 1873. — Salkowski : *Bemerkungen zur Lehre von den juristischen Personen*. Leipzig 1863. — Böhlau : *Rechtssubject und Personenrolle*. Weimar 1871. — Maurice Vauthier : *Etude sur les personnes morales dans le droit romain et français*. Bruxelles 1887. — William Serment : *Associations et corporations*. Genève 1877. — Alfred Georg : *Personne juridique*. Genève 1890. — A. Affolter : *Grundzüge des Allg. Staatsrechts*, p. 32, 33, 44. Stuttgart 1892. — Fisichella : *Sulla realta della persona giuridica*. Catania 1885. — Bolze : *Begriff d. j. Person*. Stuttgart 1879. — Giorgio Giorgi : *La dottrina delle persone giuridiche*, vol. 1er, partie générale. Firenze 1889. — Otto Gierke : 1) *Das deutsche Genossenschaftsrecht*, 3 Bde ;

La personne se compose de la personne abstraite et de la personne concrète.

La personne abstraite comprend trois éléments.

Chaque élément de la personne est un couple de contre-aptitudes : une aptitude active et une aptitude passive.

La personne concrète s'affirme sous un, deux ou trois corps.

Les aptitudes actives de la personne sont : la capacité d'avoir et d'acquérir des droits, la capacité de profiter des droits, la capacité d'exercer le droit d'acquisition et les droits acquis. Les aptitudes passives de la personne sont : la capacité d'être obligé et obligeable, la capacité de souffrir des obligations, la capacité de contracter des obligations.

La personne abstraite couvre la personne concrète. Lorsque la personne concrète s'affirme sous un seul corps, celui-ci s'attache les trois éléments de la personne abstraite. Lorsque la personne concrète s'affirme sous deux corps, un des corps s'attache deux éléments de la personne abstraite et l'autre corps le troisième élément. Lorsque la personne concrète s'affirme sous trois corps, chaque corps s'attache un des éléments de la personne abstraite.

Les contre-aptitudes de la personne ne se retrouvent que sur un corps commun.

Zweiter Band : *Geschichte des deutschen Körperschaftsbegriffes*. Berlin 1873, p. 25 ; 2) *Genossenschaftstheorie und die deutsche Rechtsprechung*. Berlin 1887, p. 5-8, 603-605. — M. Hauriou : *Droit administratif*, p. I-X et 417, 437. Paris 1893.

Les corps d'une certaine personne peuvent *a priori* servir comme corps partiels ou intégraux à plusieurs autres personnes.

Lorsqu'une des contre-aptitudes ne s'associe pas avec l'autre, l'élément est sans consistance ; lorsqu'un élément ne se retrouve pas, la personne abstraite n'est pas concevable ; lorsqu'un corps manque, la personne concrète est absente ; lorsque la personne abstraite ou concrète fait défaut, la personne n'est pas une réalité. Ainsi, au point de vue de l'essence de la personne, toutes ses parties constitutives sont d'égale valeur.

Le corps muni de la capacité d'avoir et d'acquérir des droits, nous l'appelons maître (de droit).

Le corps muni de la capacité d'être obligé et obligeable, nous l'appelons sujet (de droit).

Le corps muni de la capacité de profiter des droits, nous l'appelons destinataire (de droit).

Le corps muni de la capacité de souffrir des obligations, nous l'appelons destinateur (de droit).

Le corps muni de la capacité d'exercer le droit d'acquisition et les droits acquis, nous l'appelons organe productif (de droit).

Le corps muni de la capacité de contracter des obligations, nous l'appelons organe privatif (de droit).

Le corps est un être simple ou collectif.

Le corps simple est un individu (chose, bête, homme). Le corps collectif est un multiple ou un composé d'individus.

La personne dont le corps maître-sujet est simple, alors

que les autres corps sont simples ou collectifs, nous l'appelons personne simple.

La personne dont le corps maître-sujet est collectif, alors que les autres corps sont simples ou collectifs, nous l'appelons personne collective.

Les capacités de la personne collective diffèrent de celles de ses membres pris isolément. Les capacités des divers membres de la personne collective peuvent différer ou ne pas différer entre elles.

Le corps est un être non-humain, humain ou mi-humain.

Le corps non-humain est un être non-humain. Le corps humain est un être humain. Le corps mi-humain est un être nécessairement collectif, en partie non-humain et en partie humain.

La personne dont le corps maître-sujet est humain, nous l'appelons personne humaine.

La personne dont le corps maître-sujet est non-humain, nous l'appelons personne non-humaine.

La personne dont le corps maître-sujet est mi-humain, — nécessairement collectif, — nous l'appelons personne mi-humaine.

Le corps est un être insensé, sensé ou mi-sensé.

Le corps insensé est un être non-humain ou humain irraisonnable. Le corps sensé est un être humain raisonnable. Le corps mi-sensé est un être nécessairement collectif, en partie non-humain ou humain irraisonnable et en partie humain raisonnable.

Les corps maître-sujet et destinataire-destinateur sont

insensés, sensés ou mi-sensés. Le corps organe n'est que sensé ou mi-sensé.

La personne dont le corps maître-sujet est insensé, nous l'appelons personne artificielle.

La personne dont le corps maître-sujet est sensé, nous l'appelons personne naturelle.

La personne dont le corps maître-sujet est mi-sensé, — nécessairement collectif, — nous l'appelons personne mi-naturelle.

La personne dont le corps maître-sujet est un individu humain, nous l'appelons personne physique.

La personne dont le corps maître-sujet est une ou plusieurs choses, une ou plusieurs bêtes, une ou plusieurs choses et bêtes, plusieurs individus humains, nous l'appelons personne morale.

La personne a nécessairement une volonté. La volonté pour mériter son nom doit être saine. La saine volonté ne saurait vouloir ni l'impossible, ni le néant. Elle veut quelque chose de raisonnable et obtenable : elle poursuit un but.

Le but est soit d'ordre privé, soit d'ordre public.

Le but est d'ordre privé, lorsque la volonté qui le poursuit est le résultat de l'idée individualiste. Le but est d'ordre public, lorsque la volonté qui le poursuit est le résultat de l'idée socialiste.

La personne prend le qualificatif de privée, lorsque sa volonté la fait agir en vue d'un but privé.

La personne prend le qualificatif de publique, lorsque sa volonté la fait agir en vue d'un but public.

Comme la même personne peut poursuivre soit un but

privé, soit un but public, elle peut être qualifiée à la fois de personne privée et de personne publique. L'habitude veut que la personne soit généralement qualifiée d'après son but prépondérant (1).

La volonté de la personne peut être subjective simple ou collective, objective simple ou collective, mi-subjective collective.

La volonté est subjective simple ou collective, lorsqu'elle a sa source dans un corps sensé simple ou collectif qui s'attache les deux éléments maître-sujet et organe. La volonté est objective simple ou collective, lorsqu'elle

(1) M. Hauriou, en réponse à notre étude sur « La Stato come persona (publiée dans l'*Archivio di diritto pubblico*. Palermo 1893, p. 433) », nous a fait l'honneur de nous écrire une très aimable lettre, pour ne nous faire, comme il dit, qu'une petite chicane sur la notion de la personne privée et de la personne publique. Il continue ainsi : « Je ne crois pas qu'il soit bon de les définir par leur but, mais bien plutôt par les moyens qu'elles emploient. Tant qu'une personne emploie des moyens privés, fût-ce pour satisfaire un intérêt général, elle reste privée. Une personne n'est publique que quand elle emploie les mêmes moyens que l'Etat, c'est-à-dire quand elle est membre de l'Etat ». Le critère que M. Hauriou nous recommande est par trop empirique, ne nous éclaire pas d'emblée et manque dès lors totalement de base scientifique. Puis, notamment, à la question de savoir pourquoi l'Etat est une personne publique, avec la théorie de M. Hauriou, nous tombons forcément dans un cercle vicieux, devant nécessairement répondre que « l'Etat est une personne publique parce qu'il emploie les moyens de l'Etat ». M. Hauriou ajoute : « Si on veut éviter la confusion entre l'établissement d'utilité publique et l'établissement public, il faut prendre ce parti ». C'est une question spéciale, répondons-nous. On peut distinguer ces deux entités indépendamment de leur genre de personne. M. Hauriou nous indique du reste, lui-même, le moyen dans son *Droit administratif*. Paris 1893, p. 228 et suiv. (et notamment, p. 230, al. 4). Voir aussi p. 158.

a sa source dans un corps sensé simple ou collectif qui ne s'attache que l'élément organe. La volonté est mi-subjective collective, lorsqu'elle a sa source dans un corps mi-sensé qui s'attache les deux éléments maître-sujet et organe.

La volonté qui a sa source dans un corps sensé simple, c'est la volonté innée du corps lui-même. La volonté qui a sa source dans un corps sensé collectif, c'est l'ensemble des volontés des membres. La volonté qui a sa source dans un corps mi-sensé (collectif), c'est l'ensemble des volontés des membres raisonnables. L'ensemble des volontés c'est, ou bien l'unanimité d'emblée, ou bien l'una-nimité après coup. En effet, lorsque dès le premier moment il n'y a pas d'unanimité, alors apparemment c'est la majorité qui l'emporte. Mais une fois que la décision a été prise, les ex-opposants qui continuent à rester membres, en fait, changent d'avis. Leur présence est la preuve de leur assentiment. S'ils ne changent pas d'avis, ils doivent fatalement cesser d'être membres. Après la disparition des récalcitrants, la ci-devant majorité de-vient unanimité (1).

A une volonté subjective simple — la personne simple, humaine, naturelle, physique, privée ou publique. A une volonté subjective collective — la personne collective, humaine, naturelle, morale, privée ou publique. A une volonté objective, simple ou collective — la personne, simple ou collective, humaine ou non-humaine, artifi-cielle, physique ou morale, privée ou publique. A une

(1) Voir chapitre I, § 1, p. 17-20.

volonté mi-subjective collective — la personne collective, humaine ou mi-humaine, mi-naturelle, morale, privée ou publique.

Personne à volonté subjective simple, ou, brièvement, personne subjective simple ne peut être qu'un homme raisonnable.

Personne à volonté subjective collective, ou, brièvement, personne subjective collective peut être une société d'hommes raisonnables.

Personne à volonté objective, simple ou collective, ou, brièvement, personne objective, simple ou collective, peut être un homme, une fondation (être simple ou collectif), une société, une société-fondation.

Personne à volonté mi-subjective collective, ou, brièvement, personne mi-subjective collective peut être une société ou une société-fondation.

Le maître-sujet + organe de la personne subjective simple peut s'appeler propriétaire saisi, etc. Le destinataire-destinateur peut s'appeler saisissant, etc. Le maître-sujet + destinataire-destinateur peut s'appeler propriétaire, etc.

Le maître-sujet + organe de la personne subjective collective peut s'appeler sociétaires saisis, etc. Le destinataire-destinateur peut s'appeler saisissant, etc. Le maître-sujet + destinataire-destinateur peut s'appeler sociétaires, etc.

Le maître-sujet de la personne objective simple ou collective peut s'appeler pupille-propriétaire saisi, fonds saisi, membres-sociétaires saisis, etc. Le destinataire-destinateur peut s'appeler saisissant, etc. Le maître-sujet +

destinataire-destinateur peut s'appeler pupille-propriétaire, fonds, membres-sociétaires, etc. L'organe (1) peut s'appeler tuteur, administrateur, conseil de famille, conseil d'administration, etc.

Le maître-sujet de la personne mi-subjective collective peut s'appeler membres-sociétaires saisis, fonds saisis, etc. Le destinataire-destinateur peut s'appeler saisissant, etc. Le maître-sujet + destinataire-destinateur peut s'appeler membres sociétaires, etc. Le maître-sujet + organe peut s'appeler administration sociétaire ou société autoadministrée, etc.

Il y a lieu de remarquer qu'en général les éléments maître-sujet et destinataire-destinateur se réunissent sur un même corps. Ce n'est que par exception qu'on les trouve séparés. La séparation n'est jamais intégrale.

Les contre-aptitudes dont le corps est muni peuvent être absolues en théorie ; elles sont plus ou moins restreintes en fait par la loi positive. La restriction a lieu pour assurer le jeu des contre-aptitudes concurrentes ou pour satisfaire les besoins plus ou moins justifiés de la société.

(1) Il faut se garder bien de confondre l'organe avec l'instrument tel que le mandataire. L'organe est doué d'une volonté indépendante. L'instrument n'a point de volonté indépendante ou même point de volonté du tout ; il n'est que le serviteur passif ou mécanique de l'organe.

Il ne faut pas non plus confondre l'organe avec le fait. L'organe met en mouvement tel ou tel moyen de droit. Un fait n'est qu'une cause matérielle qui donne lieu à un moyen de droit susceptible d'être mis en mouvement par l'organe. Ainsi, en cassant une vitre, on devient la cause d'une réparation à faire.

Chaque personne est en mesure de faire tel ou tel emploi de ses capacités. L'emploi varie à l'infini.

La force publique est l'assistant légal de la personne.

§ 2. — Conceptions fausses de la personnalité et l'Etat.

Par la théorie de la personnalité de l'Etat, dit Seydel (1), « on élève une inexacte métaphore à la hauteur d'un principe philosophico-juridique ». On raisonne, ajoute-t-il, ainsi : « De même que le corps de l'homme (la partie matérielle de l'homme) est dominé par l'âme de l'homme (la meilleure partie de l'esprit), alors que le corps et l'âme ne forment que l'homme, de même le corps de l'Etat (territoire, peuple) est dominé par la volonté de l'Etat, alors que le corps et la volonté ne forment que l'Etat ». Pour faire ce raisonnement, Seydel s'est appuyé sur la définition que Stein donne de l'Etat : « Le premier élément de la communauté, dit Stein (2), est l'élément purement naturel, le corps de la communauté : le pays. Le second élément est l'élément personnel, l'individualité de la communauté : le peuple. Le troisième élément est le fondement de la vie, l'élévation de la communauté d'hommes — unis en pays et en peuple — au grade de la personnalité consciente : l'Etat. Par conséquent, l'Etat est la communauté élevée à la personnalité autodéterminée et dès lors à l'individualité externe et interne ».

(1) Max Seydel : *Staatslehre, l. c.*, p. 5-8.
(2) Dr L. Stein : *Die Vollziende Gewalt*, 1er vol., 1re partie, p. 4. Stuttgart 1869.

« Personnalité, reprend Seydel, c'est une qualité dont les hommes seuls sont doués, ou — en nous exprimant mieux — personnalité, ce sont les caractères distinctifs de l'homme en tant qu'être raisonnable. Le mot personnalité n'est donc qu'un terme qui embrasse une face de la conception de l'homme. Lorsqu'on détourne ce terme de son emploi ordinaire qui vise l'homme, on parle métaphoriquement, ou, si l'on préfère, on s'en sert dans un autre sens : alors les deux différentes acceptions du mot n'expriment pas la même chose ». Enfin l'éminent jurisconsulte pense que « la volonté du souverain est une volonté sur l'Etat et non une volonté de l'Etat » et que « dans la méconnaissance de cette considération gît la fausseté de la théorie de la personnalité métaphorique de l'Etat ».

Seydel a le tort grave de prendre comme base les idées d'un seul écrivain, pour y bâtir *a priori* une réfutation contre le principe même de la personnalité de l'Etat. Ensuite, le sens qu'il donne au mot personnalité n'est guère exact. La personnalité (1) n'est pas toujours le patrimoine de l'homme, puisque, d'après la définition même de Seydel, elle n'appartient qu'à l'homme raisonnable ; et l'homme est loin d'être toujours raisonnable. La personnalité n'est pas non plus le bien exclusif de l'homme raisonnable ; d'autres êtres, ainsi que nous l'avons vu en son lieu (2), la possèdent. Mais en supposant même que l'homme seul puisse avoir la personnalité, on ne comprendrait pas pourquoi un ensemble

(1-2) Voir ce chapitre, § 1, p. 67-77, et chapitre III, § 6, p. 62-67.

d'hommes qui est l'Etat ne pourrait pas la posséder. Enfin, prétendre que ce qu'on appelle habituellement la volonté de l'Etat n'est que la volonté du souverain sur l'Etat, c'est insinuer que le souverain est en dehors de l'Etat, ne fait pas partie de l'Etat. Or, aucun juriste ne saurait admettre une pareille manière de voir.

Suivant Lingg (1), « lorsque deux ou plusieurs individus, dans l'exercice de la faculté qui compète de par le droit objectif à chacun d'eux, poursuivent en commun un but et disposent ensemble d'une partie de leurs facultés, alors la règle de droit qui restreint les facultés individuelles intervient pour faire en sorte que ces facultés, dans leur rapport avec le droit, soient traitées comme des facultés à part. Cet état de choses s'appelle personnalité, personne juridique. Celle-ci n'est ni un être réel, ni un être fictif, mais un rapport d'individus lié à des agissements juridiques particuliers. Les membres de la personne juridique ne sont pas représentants du sujet de droit, mais au contraire sont eux-mêmes les sujets de droit. Ce qui est donné pour volonté collective est en réalité la volonté d'individus. Bref, la personne juridique est le produit de la règle de droit. Mais une règle de droit présuppose l'existence de l'Etat. L'Etat est une forme naturelle de la vie du genre humain, c'est l'état dans lequel le peuple se trouve de par la domination, un *status* d'individus. Dès lors, l'Etat ne peut être une personne juridique dans le sens ordinaire du mot ».

Ainsi, après nous avoir dépeint la personne juridique

(1) E. Lingg : *l. c.*, p. 102, 101, 100, 58, 28, 84.

et nous avoir fait croire à l'existence d'un être, Lingg
nous dévoile inopinément que ladite personne juridique
n'est pas un être. Puis, sans le moindre embarras, notre
auteur imagine une antithèse entre l'être et le rapport.
Pourtant, le rapport et l'être ne s'excluent pas : l'un peut
parfaitement bien être le résultat de l'autre. Enfin, en
achevant sa théorie, Lingg nous dit à tort, après bien
d'autres d'ailleurs, que la règle de droit présuppose
l'existence de l'Etat. L'Etat et le droit, cependant, ne
s'entendent pas l'un sans l'autre. Dès que plusieurs individus vivent ensemble, il y a rapport entre eux. Dès que
le rapport se manifeste, en devenant possible, il y a
droit. La règle de droit, sans avoir besoin d'être expressément formulée, se forme par le fait même de la vie
commune des individus.

« La personne juridique, dit Laband (1), est un sujet
de droit, la société est un rapport de droit. Pareillement,
le *Staatenbund* est un rapport de droit entre Etats et dès
lors n'est pas sujet de droit ; l'Etat par contre est une
unité organisée, une personne, et dès lors n'est pas un
rapport de droit. La personne juridique est par elle-
même incapable de volonté et d'action : elle a besoin
d'un représentant, d'un organe qui veuille et agisse à sa
place. On peut dire la même chose du *Staat* et par conséquent du *Reich*. De là la nécessité d'un porteur de la
force publique, c'est-à-dire d'un souverain qui rende
effective la force que l'Etat-personne possède. Le souve-

(1) Laband : *Staatsrecht des d. Reiches*, 1er vol. p. 57, 87. Tübingen 1876.

rain peut être ou bien un monarque ou bien l'ensemble
de tous les membres de l'Etat ».

On voit que Laband confond la personne juridique
avec le sujet de droit, et la société avec le rapport de
droit, pour opposer la personne juridique à la société.
Suivant nous, la personne juridique peut être une société
et la société peut être une personne juridique. Sujet de droit
n'est qu'une des caractéristiques de la personne, alors que
le rapport n'est qu'une des caractéristiques de la société.
Le *Staat*, le *Reich* ou *Staatenbund* — variantes de l'Etat —
sont des sociétés (1). « Lorsqu'on reconnaît, dit Bernatzik (2), que l'Etat est une société et dès lors qu'il a à
poursuivre un but commun qui est au-dessus de tous les
intérêts de ses membres, la personnalité juridique de
l'Etat apparaît comme une conséquence forcée ».

Selon Jellinek (3), « le but est le *principium individuatio-
nis* pour toutes les choses humaines. L'être, la collectivité d'êtres ne sont en réalité des unités que par le but
qu'ils poursuivent. Mais pour la poursuite d'un but il
faut une volonté. Au cas où cette volonté manque à tel
ou tel être, on peut lui constituer un organe de volonté :
la volonté d'un être humain, car la volonté humaine a
l'aptitude à vouloir pour autrui. L'être, la collectivité
d'êtres qui possèdent un organe de volonté indépendant
sont des personnes. Personnalité ou personne est la

(1) Voir chapitre II, p. 31-48.
(2) Bernatzik : Begriff der juristischen Person dans *Archiv des
öff. Rechts*, vol. V, p. 244.
(3) G. Jellinek : 1) *Gesetz u. Verordnung*, p. 194, 193 et 190. Freiburg 1. B. 1887 ; 2) *System d. sub. öff. R., l. c.*, p. 26, 31.

capacité juridique, l'aptitude de continuelle saine volonté
unitive, une relation entre un sujet d'une part, un autre
sujet et une règle de droit d'autre part. La personne n'est
pas un être naturel, mais bien une abstraction : elle ne
s'identifie pas avec l'individualité physique. L'Etat est
une personne, parce qu'il a une volonté unitive — une personne non pas fictive, mais existante à l'instar de toute
autre personne. L'Etat est l'organisation dominatrice
d'un peuple établi — organisation dont la charge incombe
à une puissante volonté. L'Etat est l'union d'individus établis dans un territoire déterminé, en vue d'un but. Pra-
tiquement, cette union possède en la volonté de ses
membres constitutifs des organes de sa propre volonté.
La règle de droit, se rapportant à cet état de choses
qu'elle ne crée pas, peut régler la formation de la
volonté de l'Etat. Voilà comment l'Etat, créateur de sa
propre volonté, devient sujet de droit (1) ».

Répondant à Jellinek, à propos de son expression :
vouloir pour autrui, Lingg (2) écrit : « En vérité, *vouloir
pour autrui*, signifie vouloir ou bien à la place d'un autre
ou bien en faveur d'un autre. Or, d'une part, il n'est pas
possible de vouloir réellement à la place d'un autre,
d'autre part, par cela même qu'on veut en faveur d'un
autre on ne le rend pas personne ».

« L'Etat, dit Gerber (3), est un être public que nous
voyons agir et opérer pour l'accomplissement de ses mul-

----

(1) Voir Introduction, § 3, p. 8³ *in fine*.

(2) Lingg : *l. c.*, p. 150.

(3) Gerber : 1) *Staatsrecht*, *l. c.*, p. 225, 226, 228, 229 ; 2) *Über öff.
R.*, *l. c.*, p. 18.

tiples tâches, avec consciente liberté, dans les sens les plus divers. Pour déterminer conformément au droit un tel être, la jurisprudence a le moyen de l'envelopper avec la propriété de la personnalité. Le moyen n'apparaît pas ici — ainsi qu'il se montre d'ailleurs quelquefois — comme un ingrédient étranger et voulu. Au contraire, il n'est qu'une consécration de ce qui existe déjà en fait dans l'ébauche naturelle de l'Etat. Le citoyen par cela même qu'il appartient à un certain Etat devient l'objet de sa domination. Le droit de l'Etat — pourvu que l'individu agrée le pouvoir de l'Etat, se sente soumis à sa force publique — c'est le droit de domination de l'Etat sur la personnalité civique de ses membres. La particularité de ce droit consiste en ce que son rôle n'est pas terminé avec la soumission des membres. Au contraire, avec la soumission et par elle, il confère des aptitudes on ne peut plus réelles : les droits civiques, notamment les droits politiques, qui, dans une certaine mesure, ont le caractère d'une compensation ».

Nous devons constater qu'avec Gerber nous nous rapprochons de la vérité en ce qui concerne la conception de la personnalité de l'Etat et de la personne en général. Malheureusement la doctrine — si chère à la plupart des juristes allemands de notre époque — qui considère le citoyen comme un objet de domination, quoique adoucie, est encore préconisée par l'auteur. Enfin, nous trouvons que la théorie de Gerber, bien que longuement exposée n'est pas suffisamment explicite dans les détails.

§ 3. — L'Etat est une personne.

L'Etat est une personne (1) ; il est un être capable de droits et d'obligations.

L'Etat se compose de l'Etat abstrait et de l'Etat concret.

L'Etat abstrait comprend trois éléments.

Chaque élément de l'Etat est un couple de contre-aptitudes : une aptitude active et une aptitude passive.

L'Etat concret s'affirme sous un, deux ou trois corps.

Les aptitudes actives de l'Etat sont : la capacité d'avoir et d'acquérir des droits, la capacité de profiter des droits, la capacité d'exercer le droit d'acquisition et les droits acquis. Les aptitudes passives de l'Etat sont : la capacité d'être obligé et obligeable, la capacité de souffrir des obligations, la capacité de contracter des obligations.

L'Etat abstrait couvre l'Etat concret. Lorsque l'Etat concret s'affirme sous un seul corps, celui-ci s'attache les trois éléments de l'Etat abstrait. Lorsque l'Etat concret s'affirme sous deux corps, un des corps s'attache deux éléments de l'Etat abstrait et l'autre corps le troisième élément. Lorsque l'Etat concret s'affirme sous trois corps,

(1) Voyez Bluntschli : *Théorie générale, l. c.*, p. 17. — Gierke : *Grundbegriffe, l. c.* — Affolter : *l. c.*, p. 19. — Herzfelder : *Gewalt und Recht*, p. 130, 132. München 1890. — Hagens : *Staat*, p. 1-7. München 1890. — Giorgio Giorgi : *l. c.*, vol. II° (Lo Stato), p. 1-80. — Fedozzi: *Gli enti collettivi nel diritto internazionale* (notamment chap. : Lo Stato), Padova 1897. — A. N. Sacopoulo : *Personnes morales en droit international privé*, p. 5 suiv. et *passim*. Genève 1898.

chaque corps s'attache un des éléments de l'Etat abstrait.

Les contre-aptitudes de l'Etat ne se retrouvent que sur un corps commun.

Les corps d'un certain Etat peuvent *a priori* servir comme corps partiels ou intégraux à plusieurs autres personnes.

Lorsqu'une des contre-aptitudes ne s'associe pas avec l'autre, l'élément est sans consistance ; lorsqu'un élément ne se retrouve pas, l'Etat abstrait n'est pas concevable ; lorsqu'un corps manque, l'Etat concret est absent ; lorsque l'Etat abstrait ou concret fait défaut, l'Etat n'est pas une réalité. Ainsi, au point de vue de l'essence de l'Etat, toutes ses parties constitutives sont d'égale valeur.

Le corps maître-sujet de la personne Etat est nécessairement un ensemble d'individus humains raisonnables ou non, qui ont un rapport commun de droit. Dès lors ledit corps est un être collectif — le multiple d'êtres simples — mi-sensé.

Le corps maître-sujet étant un être collectif, nous pouvons dire que l'Etat est une personne collective.

Les capacités de l'Etat à l'instar de toute autre personne collective diffèrent de celles de ses membres pris isolément. Tout ce que peut l'Etat un de ses membres à lui seul ne le peut ni en fait, ni en droit. Le membre n'a qu'une parcelle du pouvoir de l'Etat en tant que membre de l'Etat. Les capacités des divers membres de l'Etat *a priori* diffèrent entre elles en fait et en droit.

Le corps maître-sujet étant humain, nous pouvons dire que l'Etat est une personne humaine.

Le corps maître-sujet étant mi-sensé, nous pouvons dire que l'Etat est une personne mi-naturelle.

Le corps maître-sujet étant un ensemble d'individus humains, nous pouvons dire que l'Etat est une personne morale.

L'État a une volonté qui poursuit un but d'ordre privé ou d'ordre public. La volonté poursuit un but privé, parce qu'elle a en vue l'intérêt des membres de l'État considérés comme groupements et est dès lors le résultat de l'idée individualiste. La volonté poursuit aussi un but public, parce qu'elle a en vue l'intérêt des membres de l'État considérés comme membres et est dès lors le résultat de l'idée socialiste. Ce dernier but est prépondérant, attendu que le principe qui le fait naître donne également la vie à l'État lui-même.

La personne État prend le qualificatif de privée parce que sa volonté la fait agir en vue d'un but privé. La personne État prend le qualificatif de publique, parce que sa volonté la fait agir en vue d'un but public. Comme le but public est prépondérant, l'habitude veut que l'État soit qualifié de personne publique.

L'État, personne collective humaine, mi-naturelle, morale, publique, a une volonté soit objective, simple ou collective, soit mi-subjective collective.

La volonté est objective simple ou collective, lorsqu'elle a sa source dans un corps simplement organe. L'Etat alors est despotique : monarchique si l'organe ne comprend qu'un seul individu, polyarchique si l'organe comprend plusieurs individus. La volonté est mi-subjective collective, lorsqu'elle a sa source dans un corps maître-sujet + organe qui est une multitude. L'État alors est démocratique.

La volonté qui a sa source dans l'organe à un individu, c'est la volonté innée de l'individu lui-même. La volonté qui a sa source daus l'organe à plusieurs individus, c'est l'ensemble des volontés individuelles. La volonté qui a sa source dans la multitude, c'est l'ensemble des volontés individuelles raisonnables.

L'ensemble des volontés, c'est ou bien l'unanimité d'emblée ou bien l'unanimité après coup. La volonté de l'organe à plusieurs individus doit englober toutes les volontés individuelles. En effet, dans la pratique, ledit organe agit comme un seul être et les membres récalcitrants sont remplacés par des membres concordants. La volonté de l'organe multitude doit également englober les volontés individuelles raisonnables. En effet, dans la pratique, les membres récalcitrants s'insurgent en masse ou isolément contre la volonté générale, mais finissent fatalement par disparaître ou par se soumettre. La volonté de l'organe c'est la loi. Remarquons ici que la loi n'est viable que si elle est conforme au sentiment de la nation (1-2).

L'État est personne à volonté soit objective, simple ou collective, soit mi-subjective collective, et, brièvement, l'État est personne soit objective simple ou collective, soit mi-subjective collective.

(1) X. S. Combothecra : *Régime parlementaire*. Paris 1889, p. 81 (Chapitre : Loi).
(2) Voir chapitre I, § 1, p. 17-20.

L'État dont la volonté est entière et libre s'appelle État proprement dit ou Etat sonverain (1).

L'État dont la volonté est mitigée mais indépendante s'appelle Etat (abusivement) mi-souverain (2).

L'État dont la volonté est plus ou moins entière et relève d'une volonté suzeraine s'appelle État (abusivement) vassal (3).

Le maître-sujet de l'État personne objective simple ou collective peut s'appeler peuple occupé, etc. Le destinataire-destinateur peut s'appeler occupant, etc. Le maître-sujet + destinataire-destinateur peut s'appeler peuple. Le maître-sujet + organe peut s'appeler gouvernement (4) populaire ou peuple autogouverné.

L'Etat dont le maître-sujet reste indivis sous un seul gouvernement s'appelle Etat unitaire.

L'État dont le maître-sujet, tout en demeurant sous un gouvernement général, se partage en plusieurs peuples dont chacun se met sous un gouvernement restreint, s'appelle État composé.

L'Etat composé peut être un Etat proprement dit. Les Etats composants doivent nécessairement être des États mi-souverains dépendant en partie de l'Etat composé.

Les contre-aptitudes de l'État (proprement dit), tout en étant absolues (5) en théorie, sont en réalité restreintes par la loi positive. Celle-ci cependant est l'œuvre des

(1) Voir chapitre V, p. 90-154.
(2-3) Voir chapitre V, § 9, p. 150-154.
(4) Le mot gouvernement est pris dans un sens large ; il comprend le pouvoir législatif et les autorités exécutive et judiciaire.
(5) Voir chapitre V, § 7, p, 125-127 et chapitre VI, § 1, p. 157-158.

Etats eux-mêmes. Il semblerait dès lors que la restriction juridique ne serait qu'illusoire. Il n'en est pourtant pas ainsi. A l'intérieur, l'intérêt des particuliers réagit efficacement contre les dangers de l'omnipotence. A l'extérieur, la compétition des divers États entrave les dangers de la mégalomanie.

L'État est directement assisté par la force publique, à la différence des autres personnes qui ne sont assistées par elle qu'indirectement. C'est ici qu'éclate la supériorité de l'État. Cette supériorité s'érige même en caractéristique (1).

En définitive, nous constatons que notre théorie générale de la personne s'adapte strictement à la conception de l'État en tant que personne. Il est donc bien acquis que l'État est une personne réelle et non fictive.

(1) Voir chapitre I, § 1, p. 17, ch. V, § 5, p. 109, et ch. VI, § 1, p. 156-157.

CHAPITRE V

§ 1. — Sens littéral de la souveraineté.

Souveraineté vient de souverain, en bas latin *superanus*
(*supremus*), qui signifie le plus élevé, suprême. Souveraineté donc veut dire, au point de vue littéral, qualité de
suprême, en latin *supremitas*. *Supremitas* implique *potestas*. *Potestas* peut être un pouvoir matériel ou immatériel. On peut donc traduire la souveraineté par qualité de
suprême pouvoir — matériel ou immatériel, ou même matériel d'une part et immatériel d'autre part. En d'autres
termes, le mot souveraineté dénote la qualité d'une force
suprême matérielle ou immatérielle, ou même en partie
matérielle et en partie immatérielle.

§ 2. — Essence de la souveraineté.

Au triple sens littéral que nous venons d'exposer, cor-
respondent trois manières politico-juridiques de concevoir l'essence de la souveraineté.

Citons d'abord des auteurs qui envisagent la souveraineté comme une force matérielle.

« La puissance souveraine, selon Grotius (1), c'est celle dont les actes sont indépendants de tout autre pouvoir supérieur, en sorte qu'ils ne peuvent être annulés par aucune autre volonté humaine » (2).

« La souveraineté, dit Loyseau, est la forme qui donne l'être à l'État, même l'État et la souveraineté prise *in concreto* sont synonymes ; et l'État est ainsi appelé pour ce que la souveraineté est le comble et période de la puissance où il faut que l'État s'arrête et établisse » (3).

Pour Bodin (4), « la souveraineté est la puissance absolue et perpétuelle d'une République ». Et par République

(1) H. Grotius : *Le droit de la guerre et de la paix* (trad. Barbeyrac, Bâle 1746), liv. I, ch. III, § 7.

(2) Austin (*l. c.*. p, 221 et 237 et note) considérant la notion de la société politique et indépendante comme corrélative à la notion de la souveraineté s'exprime ainsi : « Si un supérieur humain déterminé, n'ayant pas l'habitude d'obéir à un supérieur semblable, est habituellement obéi par la masse d'une société donnée — ce supérieur déterminé est souverain dans cette société et la société (y compris le supérieur) est une société politique et indépendante. Celle-ci peut être divisée en deux fractions : la fraction souveraine ou suprême et la fraction simplement sujette. Toute société actuelle est gouvernée par un de ses membres ou par un certain nombre de ses membres qui oscille entre un et tous.

Austin paraît corriger les idées de Bentham qui avait dit (*Fragment on government*. Dublin 1776) : « Lorsque des personnes (que nous pouvons appeler sujets) sont censées avoir l'habitude d'obéir à une personne donnée ou à un ensemble de personnes connues et déterminées (que nous pouvons appeler gouverneurs ou gouvernants), alors toutes ces personnes à la fin (sujets et gouvernants) sont considérées être dans un état de société politique, pourvu que ladite société soit capable d'une durée indéfinie.

(3) Loyseau : *Traité des seigneuries*, ch. II, n° 6.

(4) Jean Bodin : *Six livres de la République* liv. I, ch. VIII, liv. I, ch. 1.

il entend « un droit gouvernement de plusieurs ménages et de ce qui leur est commun avec puissance souveraine ».

Suivant Bluntschli (1), « l'État est l'incarnation et la personnification de la puissance de la nation ». « Cette puissance, ajoute-il, considérée dans sa force et sa majesté suprêmes, s'appelle souveraineté » (2).

Les auteurs qui considèrent la souveraineté comme une force immatérielle sont nombreux.

Suivant Moreau (3), « la souveraineté est l'expression de la vie sociale à laquelle concourent tous les membres de l'État ».

Selon Haurion (4), « la souveraineté est le pouvoir politique en tant qu'il est excercé au nom de l'État. Comme l'Etat est une personne, on peut dire que la souveraineté est la volonté de l'État en tant qu'elle exerce un empire ».

Pour Saint-Girons (5), « la souveraineté n'est pas le droit de commander, elle n'est pas la source du pouvoir, elle est plutôt le droit de n'être commandé que suivant la justice et l'intérêt national ».

« La souveraineté, dit Orlando (6), consiste dans l'affirmation de la personnalité juridique de l'Etat et se compose de trois éléments : l'Etat auquel elle appartient, la

(1) Blnntschli : *Théorie générale de l'Etat*, trad. M. Ar. de Riedmatten, 3 ed. p. 438. Paris 1891.

(2) Voir également : Paul Laband : *Staatsrecht des deutschen Reiches*, p. 1. Freiburg 1887.

(3) F. Moreau : *Droit constitutionnel*, p. 30. Paris 1892.

(4) M. Hauriou : *Droit administratif*, p. 10. Paris 1893.

(5) A. Saint-Girons : *Droit constitutionnel*, p 11. Paris 1885.

(6) V. E. Orlando : *Diritto costituzionale*, p. 50. Firenze 1889.

conscience juridique de la communauté sur laquelle elle repose, le gouvernement par lequel elle se traduit en action ».

D'après Dubs (1), « la souveraineté, c'est le droit de cette personnalité politique qui s'appelle Etat, de se déterminer librement dans le domaine qui lui est propre ».

Pour Fiore (2), « la souveraineté, c'est le droit de s'organiser, de concentrer le développement des forces en vue de l'unité du but, d'écarter tous les obstacles internes et externes et de pourvoir à la conservation aussi bien qu'au perfectionnement des forces ».

La combinaison de la force immatérielle avec la force matérielle est clairement indiquée par Collins (3) : « Dans toute société, dit-il, l'ordre, vie sociale, ne peut exister que par une règle commune, nommée droit, et par une force soit rationnelle soit brutale, nommée sanction et également commune ; ensemble de droit et de sanction du droit nommé souveraineté ».

Déjà Rousseau (4) avait remarqué la nécessité d'une coopération de la force immatérielle et de la force matérielle. « Je dis, écrit-il, que la souveraineté n'est que l'exercice de la volonté générale... Si l'Etat ou la cité n'est qu'une personne morale dont la vie consiste dans l'union de ses membres et si le plus important de ses soins est celui de sa propre conservation, il lui faut une

(1) J. Dubs : *Le droit public de la Confédération suisse*, p. 48. Neuchâtel 1878.

(2) Pasquale Fiore : *Droit international public*, trad. P. Pradier-Fodéré, t. I, p. 133. Paris 1868.

(3) Collins : *De la souveraineté*, t. II, p. 602. Paris 1857-8.

(4) J.-J. Rousseau : *Contrat social*, liv. II. chap. I et IV.

force universelle et compulsive pour mouvoir et dispo-
ser chaque partie de la manière la plus convenable au
tout. Comme la nature donne à chaque homme un pouvoir absolu sur tous ses membres, le pacte social donne
au corps politique un pouvoir absolu sur tous les siens ;
et c'est ce même pouvoir qui, dirigé par la volonté générale, porte le nom de souveraineté ».

On voit que Rousseau non seulement ne substitue pas
la *suprema voluntas* à la *suprema potestas* (1), comme le lui
reproche Bluntschli (2), mais au contraire les conçoit
concurrentes, puisqu'il considère la souveraineté comme
un pouvoir — force universelle et compulsive — qui
n'est que dirigé par la volonté générale.

« Parmi les communautés humaines, dit Gierke (3),
nous remarquons tout particulièrement l'Etat. L'essence
d'une union étatique consiste dans le fait qu'elle a
comme objet l'action toute puissante de la volonté générale. L'Etat se distingue des autres communautés parce que
sa puissance unitive est une force qui n'est limitée d'en
haut par aucune force semblable, alors qu'elle est d'en
bas au-dessus de toute force pareille. La caractéristique
de la force dont nous parlons se trouve dans le fait
qu'elle est de part en part force, la force par excellence.
Par conséquent une volonté, la volonté générale, atta-
chée à une telle force est souveraine et dès lors se différencie de toute autre volonté par le fait qu'elle se détermine elle-même ».

(1) Comp. ce chaptre, § 6, p. 119-120.
(2) Bluntschli : *Théorie gén.*, *l. c.*, p. 441.
(3) Gierke : *Grundbegriffe*, *l. c.*, p. 304.

Selon Gerber (1), « la force publique est la puissance de la volonté d'un organisme conçu comme personne et formé de par les us et coutumes. La manifestation juridique de la force publique, c'est la domination. Cela implique pour les tâches de l'union étatique une force active de volonté à laquelle sont soumis tous les membres du peuple. Le succès de la force publique résulte de ce qu'elle est la force suprême dans l'Etat et de ce qu'en général son irrésistibilité est réelle. Mais pour répondre entièrement à sa conception et exprimer dès lors la volonté générale d'un peuple, elle ne doit pas recevoir les motifs de son action d'une force supérieure et en dehors d'elle : elle doit les puiser en elle-même. En d'autres termes, elle doit être souveraine. Ainsi souveraineté est, non pas la force publique elle-même, mais une propriété de la force publique parfaite ».

« Il y a souveraineté, selon Lingg (2), là ou la force se met à la disposition d'une volonté qui commandera irrésistiblement, et où, dès lors, la conviction des soumis de la nécessité de l'ordre convertit, d'une part, cet ordre en fait, et, d'autre part, forme cette force qui contraint l'individu récalcitrant à l'obéissance (3) ».

La conception qui fait ressortir la double essence, matérielle et immatérielle, de la souveraineté nous paraît être la seule vraie. La qualité d'une force (4) suprême

(1) Gerber : *Staatsrecht*, *l. c.*, p. 19 et suiv.

(2) Lingg : *l. c.*, p. 207.

(3) Pour R. Saleilles (Représentation proportionnelle dans la *Revue du droit public*, 1898, vol. I, p. 387) « la souveraineté est une unité collective ; c'est la nation dans son expression politique ».

(4) Voir chapitre I, § 1, p. 17-20.

matérielle consiste dans le fait que ladite force doit être en état de dominer toutes les autres forces de son espèce. La qualité d'une force suprême immatérielle consiste dans le fait que ladite force doit être en état de subordonner toutes les autres forces de son espèce. Or, la force suprême matérielle, dans un Etat déterminé. c'est la force publique ; la force suprême immatérielle, dans un Etat donné, c'est la volonté générale. Le mot souveraineté conformément à son sens littéral, peut donc indiquer soit la qualité de la force publique, soit la qualité de la volonté générale, ou même à la fois la qualité de la force publique et la qualité de la volonté générale. Mais la qualité de chacune de ces forces se confond avec chacune de ces forces mêmes. En effet, la qualité de chacune de ces deux forces est essentielle. Chacune de ces deux forces a la qualité *sine qua non* de suprême. Et, dans un Etat donné, pour que la force publique et la volonté générale ne s'entre-détruisent pas, il faut que la première se mette au service de la seconde. C'est donc la combinaison de la force matérielle suprême avec la force immatérielle suprême qui produit le maximum de la force dans un Etat donné. Par conséquent, on peut dire d'une manière brève que la souveraineté est la volonté générale soutenue éventuellement par la force publique.

§ 3. — **Potentialité de la souveraineté**.

Il résulte de la conception que nous venons de formuler que la souveraineté n'est qu'un état de fait. Cet état

de fait peut être juste ou injuste. Il peut avoir pour origine la légalité ou l'illégalité. La souveraineté peut agir
conformément ou contrairement à la justice, tout en restant toujours dans la légalité. La légalité ne peut
dépendre que de la souveraineté de fait, alors que la justice ne dépend que du droit pur (1). Rüttiman (2) s'exprime donc inexactement en nous disant que « la souveraineté est la domination qui repose sur droit propre
et ne dérive d'aucune autre force ». Nous disons au contraire qu'elle peut ne reposer sur aucun droit propre,
tout en ne dépendant d'aucune autre force.

Cossé (3) a certainement raison en écrivant : « Quelque
part qu'on place la souveraineté et quelques risques
qu'on coure, que l'autorité suprême ne soit pas toujours
exclusivement employée à la défense de l'intérêt public,
ou ne soit pas assez intelligemment tournée vers le but
qui justifie son existence, le souverain doit, en vertu de
sa puissance même, être dans les conditions suivantes :
il n'est tenu envers personne qu'envers lui-même, et,
comme nul ne peut être tenu envers soi-même que par
sa conscience et nullement par des moyens coërcitifs, la
loi qu'il s'impose, il a le droit de la rapporter ; le souverain n'est tenu que par son intérêt et il importera seulement qu'il ait l'intelligence de discerner quelles lois sont
faites pour l'assurer ».

Preuss (4), en attaquant avec raison une fausse base

(1) Voir Introduction, § 5, p. 11-12.

(2) Rüttiman : *Nordamerikanisches Bundesstaatsrecht*, p. 77. Zürich
1867.

(3) E. Cossé : *Du principe de souveraineté*, p. 96. Paris 1882.

(4) Preuss : *l. c.*, p. 133, 135.

Combothecra

7

de la souveraineté : mais ne voyant qu'elle seule, arrive à des conclusions erronées. « Une force absolue, dit-il, qui élève au rang d'une volonté souveraine la volonté générale, ne saurait se concevoir comme restant dans le domaine du droit. L'essence du droit, qui est la délimitation de la puissance volitive des personnalités, serait alors niée. Le droit ne peut pourtant pas nier sa propre existence ». Preuss en conclut qu'il y a contradiction entre la conception du droit (public) et la conception de la souveraineté. Ne voulant pas nier l'existence du droit, il admet que la conception de la souveraineté a fait son temps et propose son élimination de la philosophie juridique.

L'erreur de Preuss se trouve dans le fait qu'il raisonne comme si la conception de la souveraineté n'était soutenue que comme ayant pour base le droit pur, alors qu'en réalité la souveraineté n'est qu'un état de fait. Cet état de fait peut contrecarrer ou même nier le droit pur, mais il ne s'ensuit nullement qu'il doive nécessairement le nier. Le droit pur au contraire ne devient droit positif qu'avec l'aide de la souveraineté. C'est la souveraineté qui le reconnaît ou ne le reconnaît pas, empêche ou facilite sa réalisation.

Bluntschli (1) reproche à Bodin de considérer la souveraineté comme une puissance *absolue* et perpétuelle, estimant que « l'Etat moderne ne connaît point de puissance semblable ».

Perpétuelle, dans le sens d'éternelle, évidemment une

____

(1) Bluntschli : *Théorie gén., l. c.*, p. 439.

puissance humaine ne peut pas l'être. Perpétuelle doit s'entendre dans le sens de non à terme. En effet, une souveraineté pour une durée déterminée ne se conçoit pas. Une puissance délimitée d'avance, même simplement quant au temps, n'est plus une puissance suprême. Une puissance à terme suppose une autre puissance supérieure qui doit anéantir dans un moment donné la première. La souveraineté est donc nécessairement perpétuelle, à prévision humaine.

Preuss prétend que Bodin a mal traduit en latin sa définition de la souveraineté qu'il avait tout d'abord donnée en français. La puissance absolue et perpétuelle d'une République ne signifierait pas, d'après Preuss (1), la *summa et legibus soluta in republica potestas*. Dans la pensée de Bodin là souveraineté ne serait pas la force la plus élevée d'entre plusieurs forces, comme pourrait le faire croire le mot « suprême », mais bien la seule force dans son genre, ainsi que le mot « absolue » l'indiquerait.

Nous n'approuvons ni le sens trop étendu que Blunt-schli, sans raison valable, croit devoir nécessairement donner au mot « absolue », accolé par Bodin au mot « puissance », ni le sens spécial et tourmenté que lui attribue Preuss pour rendre soi-disant la vraie pensée de celui qu'on a appelé abusivement le père de la souveraineté.

Sans subdiviser la souveraineté en souveraineté interne et externe, comme le font bien à tort certains auteurs, il nous faut prendre en considération que la souveraineté

(1) Preuss : *l. c.*, p. 112.

est nécessairement appelée à se manifester non seulement à l'intérieur, mais aussi à l'extérieur. La souveraineté, envisagée dans son action en dehors de l'Etat, non seulement n'est pas concevable comme puissance absolue, mais elle ne saurait même être considérée comme la force suprême. En réalité, la souveraineté en dehors de l'Etat n'est qu'une force dont l'action est plus ou moins limitée par les souverainetés des autres Etats. A l'intérieur, la souveraineté peut être considérée comme absolue en tant que force matérielle, vis-à-vis de toute autre force matérielle. Placée en face d'une force matérielle dans l'Etat, la souveraineté doit la vaincre. Mais la souveraineté peut non seulement ne pas se trouver, mais même ne pas être en état de se trouver en face d'une force matérielle qu'elle veut détruire. Or, il ne suffit pas de pouvoir vaincre *a priori* une force, il faut surtout être en état de l'atteindre. Quant aux forces immatérielles ou morales, la souveraineté, tout en les influençant considérablement, peut non seulement ne pas être en état de les atteindre, mais même, tout en étant en face d'elles, ne pas être en mesure de les détruire (1).

Il est donc constant que l'action de la souveraineté en dehors de l'Etat, ne peut être pareille à son action dans l'Etat. L'Etat lui-même apparaît à l'extérieur non pas comme la force la plus puissante, mais simplement comme une force plus ou moins puissante avec laquelle il faut compter. Dans le langage international il prend même le nom de puissance.

(1) Voir chapitre I, § 2, p. 20-24.

D'une manière générale donc, la souveraineté, alors qu'elle est la force matérielle et immatérielle la plus puissante, n'est pas la force toute-puissante. Elle n'est pas la force absolue pouvant réaliser toute idée. Mais si elle ne peut tout faire, elle ne doit jamais se trouver vaincue pour être effectivement la souveraineté.

§ 4. — Unité et indivisibilité de la souveraineté.

La souveraineté est unique dans un État donné (1).

« On peut, dit Seydel, désigner l'État comme l'ensemble des hommes d'un pays réunis par une volonté suprême. Peu importe comment est créée cette volonté. Le principal est que cette volonté soit une et unitive. Une

(1) Westerkamp (*Staatenbund und Bundesstaat*, p. 109$_{11}$. Leipzig 1892) trouve vicieux l'argument de Borel (*La souveraineté et l'Etat fédératif*, p. 28. Berne 1886) d'après lequel « il est dans la nature même du superlatif d'être un et indivisible ». Pourtant cela est parfaitement exact. Pour être superlatif, quelqu'un est tout naturellement censé être comparé à un ou plusieurs autres qui lui sont inférieurs et, par conséquent, il ne peut qu'être seul de son degré. S'il n'est pas seul de son degré il n'est pas le superlatif. Cependant il ne faudrait pas aller jusqu'à dire que quelqu'un est tout puissant du fait qu'il est le plus puissant. Borel n'est pas allé jusque-là dans son raisonnement. contrairement à ce que semble croire Westerkamp.

Le Fur (*Etat fédéral et confédération d'Etats*, p. 429. Paris 1896) qui, sur ce point, adopte les idées de Westerkamp, écrit en répondant à Borel (*l. c.*, p. 51-52) : « Il est complètement faux de croire que l'objet qui par comparaison avec tel autre ou même avec tous les autres possède une qualité à son plus haut degré, a par là même cette qualité dans toute sa perfection ». Le Fur a raison. Cependant il accuse gratuitement Borel, car celui-ci n'a jamais formulé l'argument incriminé.

seule volonté suprême doit dominer l'État et elle doit à la fois être en mesure de vouloir et en mesure de se réaliser » (1).

Étant la force suprême dans l'État, la souveraineté, ajoutons-nous, ne peut être conçue à côté d'une autre force semblable. Deux ou plusieurs forces de ce genre, dans un État donné, lutteraient entre elles continuellement. En luttant, ou bien l'une d'elles finirait par détruire toutes les autres, ou bien toutes finiraient par disparaître soit en s'anéantissant, soit en se neutralisant mutuellement. Si elles coopéraient, elles ne seraient plus forces distinctes, mais elles se transformeraient en une seule force. Si chaque force agit sur une fraction déterminée du territoire de l'État, alors l'État primitif est subdivisé par cela même en plusieurs États nouveaux. Dans ce cas, diverses forces suprêmes subsistent, mais elles ne se trouvent plus dans un seul État.

La souveraineté, étant unique dans l'État, est nécessairement indivisible.

« La souveraineté, dit Roguin (2), ne peut exister qu'au profit d'un seul sujet, personne ou corps. Si le partage de la souveraineté est possible, sa persistance après le partage est inconcevable. Il en résulte que la souveraineté n'existe que dans les États unitaires régis autocratiquement par un monarque ou un corps constitué ».

____

(1) Seydel : 1) Grundzüge einer allg. Staatslehre, p. 1, *l. c.* ; 2) Der; Bundesstaatsbegriff (*Zeitschrift für die ges. Staatswissenschaft*, XXVIII, p. 188-190. Tübingen 1872).

(2) Roguin : *l. c.*, p. 133 et suiv.

Roguin nous semble aller trop loin. La souveraineté, pour nous, est indivisible dans le sens qu'elle ne peut pas être l'apanage partagé de plusieurs corps distincts dans l'État et encore moins en dehors de l'État. Elle ne peut être que l'apanage exclusif d'un seul corps, qui ne saurait être que l'État lui-même — comme nous essaierons de le démontrer en son lieu. Il peut y avoir cependant un ou plusieurs corps dans l'État chargés de flairer et pressentir les dispositions du corps souverain et les manifester suivant telle ou telle forme déterminée par avance.

En fait, le corps souverain sera toujours libre de changer la procédure et d'agir directement. Le corps ou les divers corps qui seront chargés d'exprimer lesdites dispositions devront tous émaner et dépendre du corps souverain lui-même. Dans le cas où un des corps aurait sa source en dehors de l'État et dépendrait ainsi d'une souveraineté étrangère, alors la souveraineté nationale ne serait plus dans l'État. Si le consentement d'un corps étranger était nécessaire, alors ce ne seraient plus les autorités de l'État lui-même qui manifesteraient les dispositions de sa souveraineté, mais aussi l'étranger. Et le corps étranger, soutenu par la souveraineté dont il dépendrait contrecarrerait la souveraineté nationale et, en fait, la supprimerait purement et simplement.

§ 5. — **La souveraineté en tant qu'élément essentiel de l'État.**

Pour Jellinek (1), la souveraineté n'est pas un élément
essentiel de l'État. « En n'admettant pas d'État non-souverain, dit-il, on serait obligé de ne considérer comme
État ni l'État vassal, ni l'État particulier d'un État fédératif. Il arriverait alors qu'on aurait une théorie contraire aux faits et par conséquent inutile. En concevant
un État non souverain qui se distinguerait à la fois de
l'État souverain et de toute autre communauté politique
on mettrait d'accord la théorie avec les faits ».

Nous répondons à Jellinek que la science ne saurait se
soumettre à la routine. Si l'on appelle abusivement État,
l'État vassal ou l'État particulier d'un État fédératif, cela
ne doit pas empêcher l'étude et l'établissement des notions justes. Dans la pratique on pourra continuer à
appeler État ce qui ne l'est pas en réalité. L'habitude
fâcheuse ne doit certes pas réussir à obscurcir la science
elle-même. Du reste, le mot État n'a pas de sens précis,
même dans le langage courant. On appelle États, non
seulement les États vassaux, et les États particuliers d'un
État fédératif, mais même les provinces de certains
États. Par contre, on appelle quelquefois provinces cer-

(1) Jellinek : *Die Lehre von den Staatenverbindungen*, p. 37-44.
Wien 1882.

Dans le même sens : Paul Laband, *l. c.*, p. 17. — Gareis, *l. c.*,
p. 31 (admet comme essentielle pour l'Etat la souveraineté restreinte).

tains États (1). On peut en outre affirmer que dans le langage usuel le mot État éveille bien plus l'idée de l'État souverain que l'idée de tout autre État non-souverain.

« Considéré, écrit Jellinek (2), au point de vue des personnes qui sont soumises à la force publique, l'État apparaît comme émettant des ordres absolument obligatoires, qui dans leur ensemble posent les limites juridiques des individus entre eux et envers l'État lui-même. *Imperare*, c'est l'essence des fonctions de l'État en ce qui concerne les sujets. Mais il est dans le caractère juridique de l'*imperium* d'obliger les sujets en dehors de leur volonté et pour ainsi dire d'une manière unilatérale. On peut concevoir obligation par propre volonté et obligation par volouté étrangère. Le sujet soumis à l'*imperium*, en réalité, dans tous ses actes juridiques ne s'oblige que par la volonté de l'État. En effet, une obligation apparemment par propre volonté n'est concevable pour le sujet qu'autant que l'État attache sa sanction à un tel acte. En définitive donc ce qui caractérise le sujet au point de vue juridique, c'est qu'il ne peut s'obliger que par une volonté étrangère ».

« Envisagé, continue notre auteur, au point de vue de ses actes, l'État apparaît, d'une part, en rapport avec ses sujets, et, d'autre part, en rapport avec les autres États,

______

(1) La République Argentine comprend 14 Etats dits provinces par la constitution. Lorsque les Pays-Bas formaient (de 1579-1795) une confédération d'Etats et non un Etat fédératif, ils s'appelaient la République des Provinces-Unies.

(2) Jellinek : *Staatenverbindungen, l. c.*, p. 31 et suiv.

ses égaux. L'État n'agit qu'après avoir donné à sa volonté un contenu concret qu'il reconnaît comme règle de ses actes. Il puise les limites de son activité juridique dans le droit constitutionnel et le droit administratif. Les normes qu'il pose il les reconnaît comme le liant lui-même autant que ses sujets. Dans le changement même du droit, l'État est tenu à de formes juridiques. En d'autres termes, la volonté de l'État n'est jamais formellement libre. Puis du fait que l'État entre en rapport avec les autres États, il reconnaît valant comme sa volonté les normes qui découlent logiquement de la nature des relations juridiques internationales. Il reconnaît également les règles formées par les coutumes des peuples. Enfin, il donne à sa volonté individuelle une expression juridique à propos des règlements de ses rapports avec d'autres États. En somme, les actes de l'État sont des actes d'obligation par propre volonté. En d'autres termes, obligation par propre volonté, c'est le signe caractéristique de l'État au point de vue juridique ».

Jellinek nous paraît établir des théories arbitraires. Dans l'obligation, il y a à distinguer la naissance de l'obligation et son exécution. Non seulement un État (souverain ou non), mais toute communauté politique (commune, département, etc.) pourra faire naître unilatéralement une obligation liant un sujet et même une individualité quelconque non-souveraine. Le sujet cependant et l'individualité restent souvent libres de se lier par telle ou telle obligation. Prétendre le contraire, c'est nier l'existence de l'élément facultatif de la loi, qui laisse précisément la personne libre de se mettre on non en état d'obligation. En ce qui concerne l'exécution de l'obligation, c'est l'individualité politique (et même exceptionnellement une personne privée), laquelle a à sa disposition la force publique, qui peut seule astreindre matériellement la personne obligée à réaliser son engagement. Mais une telle individualité politique n'est pas nécessairement un État (souverain ou non) ; elle peut être une commune, un département, etc. En outre, nous verrons en son lieu, que l'État (souverain) proprement dit n'est pas passible d'une contrainte juridique aboutissant à une exécution forcée contrairement à la volonté de sa souveraineté. On peut donc affirmer, d'une manière générale, que le sujet peut s'obliger par lui-même, que toute individualité politique non-souveraine le peut aussi et que l'État (souverain) proprement dit n'est jamais obligé dans le vrai sens du mot. Il n'est, par conséquent, pas exact de dire, comme le fait Jellinek, que l'essence fondamentale de l'État est dans sa capacité de s'obliger par propre volonté.

Poursuivant son raisonnement, notre auteur ajoute : « Les communautés politiques autonomes qui agissent, soit directement au nom d'un État, soit sous son contrôle, ne sont pas des États. Il n'y a État que là où il y a une création politique, qui de par un droit propre est en mesure d'émettre des normes obligatoires dans quelque sens de l'activité politique, l'État souverain étant celui qui a à sa disposition tous les côtés de la vie étatique ». « Droit, dit Rosin (1), à propos de cette partie de la

(1) H. Rosin : *Souveränelät*, p. 25 et 16. Leipzig 1883.

théorie de Jellinek, est une liberté de vouloir dans un intérêt propre accordée par la loi. Droit propre pour une personne est tout droit dont elle est le sujet (1). L'opposé d'un droit propre, c'est le droit étranger. Une personne ne peut exercer qu'un droit propre ou un droit étranger. Quand une personne exerce un droit étranger, on dit qu'elle l'exerce par représentation, lorsqu'il s'agit du droit privé, et par délégation, lorsqu'il s'agit du droit public. Le droit représentatif ou délégué peut en outre appartenir en propre à une personne, sans qu'il doive pour cela être confondu avec le droit exercé par représentation ou délégation ». Conformément au sens du « droit propre », précisé par Rosin dans le contexte que nous venons de citer, il est certain que le fait d'avoir un droit propre ne peut pas servir de caractéristique à l'État, puisque toute personne peut avoir un droit propre dans le sens susindiqué et qui est le sens habituel du mot.

Jellinek prétend donner un sens spécial et original au « droit propre » de l'État non-souverain. « Un État non-souverain, dit-il (2), ne peut être créé que par un État souverain. L'État souverain transmet des droits de souveraineté à une autre communauté politique et la rend ainsi État non-souverain. Dès lors, d'une part, l'État souverain n'est pas atteint dans sa souveraineté du fait qu'il se prive de certains de ses droits de souveraineté volontairement, et, d'autre part, l'État non-souverain ne possède lesdits droits ni comme délégués ni comme originaires mais comme dérivés. S'il les possédait comme

---

(1) « Sujet » dans le sens de « maître-sujet ».
(2) Jellinek : *Staatenverbindungen, l. c.*, p. 40.

délégués, il ne serait pas un État. S'il les avait comme originaires, la souveraineté aurait dû être conçue comme divisible, ce qui est contraire à son essence ». Donc pour Jellinek la caractéristique d'un État non-souverain, c'est qu'il a un droit propre dérivé. Or, le droit propre dérivé peut appartenir et appartient très souvent en fait à toute personne quelconque et non seulement à l'État non-souverain. Ainsi, par exemple, on est rarement le premier propriétaire d'un terrain, car le plus souvent, au moins de nos jours, on l'acquiert d'un autre. Puis, un État non-souverain, comme toute personne, peut avoir des droits originaires et non dérivés. Toute individualité juridique peut, par exemple, acquérir par occupation une chose abandonnée. Prétendre que l'État souverain seul a des droits originaires, c'est méconnaître les notions juridiques les plus simples.

Évidemment Jellinek cherchait un nouveau sens pour les expressions « droit propre » et « droit dérivé », sans réussir à le trouver, voulant soutenir une théorie impossible relativement à la conception de l'élément essentiel de l'État.

En ce qui concerne le « droit dérivé », nous ne voyons que son sens ordinaire. Mais quant au « droit propre », on pourra le considérer dans un sens spécial et non habituel, en entendant le droit d'une personnalité qui le réalise elle-même, soutenue effectivement ou pouvant être soutenue éventuellement par une force émanant de son sein même et ne dépendant d'aucune autre. Une telle force ne pouvant appartenir qu'à un État souverain, il en résulte que c'est la personnalité « État souverain » seule qui a un droit propre dans le sens spécial du mot.

Enfin Jellinek (1) ajoute que le fait que l'Etat souverain peut enlever les droits de souveraineté à l'Etat non-souverain ne modifie en rien sa théorie. Nous pensons, au contraire, que les droits qu'on peut perdre légalement, malgré sa volonté, ne peuvent être considérés d'aucune manière ni comme propres ni comme dérivés.

En somme, on doit reconnaître que la souveraineté est essentielle pour l'Etat et que, sans elle, on ne conçoit pas l'Etat. La souveraineté, agissant sans. encombre et ne connaissant en fait aucun lien juridique, est seule capable de donner une cohésion à des individus se trouvant sur le même territoire. Elle les unit dans une volonté commune et dans une force matérielle unique. L'Etat n'est créé et n'est maintenu en vie que par une cohésion solide qui ne peut émaner que de la souveraineté.

§ 6. — Siège de la souveraineté.

Suivant Aristote (2), « ce qui est souverain (κύριον) dans un Etat, c'est le πολίτευμα. Πολίτευμα c'est la πολιτεία. Πολιτεία signifie τάξις τῶν τ' ἄλλων ἀρχῶν καὶ μάλιστα τῆς κυρίας πάντων, c'est-à-dire l'organisation des autorités et surtout l'organisation de l'autorité suprême. L'autorité suprême est ou la multitude, ou les riches, ou les gens de bien, ou un seul individu, supérieur par ses talents, ou un tyran..

(1) Jellinek: *Staatenverbindungen*, *l. c.*, p. 44.
(2) Aristote: *La politique*, liv. III, ch. IV et V.

Par conséquent, il est de toute nécessité que la souveraineté appartienne ou à un seul individu, ou à une minorité, ou enfin à la majorité des citoyens ».

Cicéron (1) s'exprime ainsi : « *Sic regum, sic imperatorum, sic magistratum, sic patrum, sic populorum imperia civibus sociisque præsunt, ut corporibus animus* (2) ».

Parmi les modernes, Seydel (3) résume les idées des anciens en écrivant : « La souveraineté peut ou bien provenir de l'action commune des volontés individuelles de tout le peuple ou de quelques-unes d'entre elles formant la majorité, ou bien être l'attribut d'un seul individu qui aura pour charge de faire valoir sa volonté sur l'Etat comme la plus élevée ».

Suivant Sokolski (4), « la souveraineté s'incarne dans un des organes de l'Etat. Cet organe est le sujet du droit de souveraineté. Dans les monarchies, l'organe est un individu, dans les aristocraties, c'est une classe et dans les démocraties, c'est le peuple ».

Nous croyons qu'il faut rejeter d'emblée la théorie qui attribue la souveraineté à un des organes de l'Etat et qui admet qu'elle peut indifféremment appartenir à un d'eux. Et, quand nous disons « appartenir », nous entendons « appartenir de fait » et non « appartenir de droit ». La

(1) Cicéron : *De Republica*, III, ch. XXV.

(2) Donnons aussi la distinction de Festus (Epitoma 50) : « Cum imperio est : dicebatur apud antiquos, cui nominatim a populo dabatur imperium : cum potestate est : dicebatur de eo, qui a populo negotio alieni præficiebatur ».

(3) Seydel : *Bundesstaatsbegriff, l. c.*, p. 189.

(4) V. V. Sokolski : Goçoudarstvennoé pravo (*Droit public*), p. 5, Odessa 1890.

souveraineté, étant un fait pur, ne se conçoit qu'en état de fait. Une souveraineté de fait antérieure peut avoir une influence morale sur l'avenir et peut, suivant les cas, constituer la base d'un droit pur, mais on ne doit pas admettre qu'elle puisse devenir un titre de droit positif.

Les anciens, tout en attribuant la souveraineté à un des organes de l'Etat, faisaient des réserves et subordonnaient en même temps l'organe à la loi.

« Les hommes, dit Aristote (1), ne doivent être souverains que concurremment avec les lois fondées sur la raison et en tant que ces dernières ne peuvent prévoir tous les détails : δεῖ τοὺς νόμους εἶναι κυρίους κειμένους ὀρθῶς, τὸν ἄρχοντα δὲ ἄν τε εἰς ἄν τε πλείους ὦσι, περὶ τούτων εἶναι κυρίους, περὶ ὅσων ἐξαδυνατοῦσιν οἱ νόμοι λέγειν ἀκριβῶς. Mais quelles sont les lois fondées sur la raison ? Aristote (2) en parle longuement, sans nous donner toutefois une solution satisfaisante. Il finit simplement par affirmer que les bonnes lois sont celles qui contribuent à produire ou à entretenir la prospérité de la société politique, aussi bien dans l'ensemble que dans les détails : « τὰ ποιητικὰ καὶ φυλακτικὰ τῆς εὐδαιμονίας καὶ τῶν μορίων αὐτῆς τῇ πολιτικῇ κοινωνίᾳ ».

Cicéron (3) raisonne à peu près comme l'auteur précédent : « *Ut enim magistratibus leges, ita populo præsunt magistratus : vereque dici potest, magistratum legem esse loquentem, legem autem mutuum magistratum* ». Puis (4) : « *Est quidem vera lex recta ratio..... sed et omnes gentes et*

(1) Aristote: *La politique*, liv. III, ch. V.
(2) Aristote: *La morale à Nicomaque*, liv. V, ch. I et VI.
(3) Cicéron: *De legibus*, III, 1, 2.
(4) Cicéron: *De Republica*, liv. III, ch. XXII.

*omni tempore una lex et sempiterna et immutabilis continebit,
unusque erit communis quasi magister et imperator omnium
deus* ». Et enfin (1) : *Mihi credite, major hœreditas venit
unicuique vestrum a jure et legibus, quam ab iis a quibus illa
bona relicta sunt* ».

La même pensée se trouve chez Ulpien (2) : « *Quod
principi placuit, legis habet vigorem : utpote cum lege regia,
quæ de imperio ejus lata est, populus ei et in eum omne suum
imperium et potestatem conferat* ».

Enfin Marcianus (3), citant Chrysippus, dit : « *Lex est
omnium divinarum et humanarum rerum regina. Oportet
autem eam esse præsidem et bonis et malis, et principem et
ducem esse* ».

En somme, les anciens donnent une importance considérable à la loi. Cependant, de nos jours, cette loi ne se
conçoit réalisable que lorsqu'elle est soutenue précisément par la souveraineté. Une loi ne saurait être considérée de par son existence seule comme souveraine.
Lorsqu'on dit donc que la souveraineté appartient à la
loi, on ne dit absolument rien. Il reste toujours à savoir
qui est celui qui réalise cette loi de par sa force matérielle et immatérielle. En un mot, on se demande toujours
à qui appartient la souveraineté.

Selon Grotius (4), « il y a deux sujets dans lesquels la
souveraineté réside, l'un commun et l'autre propre : de
même que le sujet commun de la vue est le corps humain,

---

(1) Cicéron : *Oratio pro A. Cœcina*, ch. XXVI.
(2) Digeste, liv. I, tit. IV, loi I, *principium.*
(3) Digeste, liv. I, tit. III, loi II.
(4) Grotius : *l. c.*, liv. I, ch. III, § 7.

et le sujet propre, l'œil. Le sujet commun dans lequel réside la souveraineté, c'est l'Etat, mais le sujet propre où elle réside, c'est une ou plusieurs personnes, selon les lois et les coutumes de chaque nation : en un mot, le souverain ».

La souveraineté ne saurait appartenir réellement qu'à l'Etat seul.

Sokolski (1) écrit : « La souveraineté n'est pas le droit de l'Etat. Sans doute, l'Etat est la source des droits, mais il n'est pas le sujet de tous les droits nécessaires à son existence. La souveraineté est indissolublement liée avec l'Etat et est la condition de son existence, mais elle n'est pas le droit de l'Etat : c'est un des droits dans l'Etat appartenant à un des organes de l'Etat ».

Nous estimons que la souveraineté est un fait inhérent à l'essence de l'Etat tout entier. La force suprême qu'est la souveraineté ne saurait matériellement émaner d'une fraction de l'Etat, qui prend le nom d'organe, mais de l'ensemble de l'Etat. La souveraineté, ne pouvant se réa·liser que par elle-même, doit se trouver en état de se réaliser. En d'autres termes, elle doit être un fait et c'est ce fait seul qui peut prendre abusivement le nom de droit.

Suivant Lingg (2), « l'Etat, étant un *status*, ne peut pas être conçu comme ayant une volonté. La souverai-neté, dès lors, n'appartient pas à l'Etat, mais à un être humain qui a une volonté et qui prend le nom de souve-rain. Et que ce souverain agisse selon son bon plaisir ou

(1) Sokolski : *l. c.*, p. 5.
(2) Lingg : *l. c.*, *passim*.

conformément aux règles constitutionnelles, cela est indifférent. C'est toujours le souverain qui domine, qu'il prenne des décisions de son propre mouvement ou qu'il soit déterminé dans ses décisions par d'autres. Si quelquefois on parle de la souveraineté de l'Etat, c'est que le souverain possède la souveraineté non pas comme homme, mais en sa qualité de souverain. Et la domination du souverain n'est pas la domination sur l'Etat, mais la domination sur les individus qui se trouvent sur un territoire donné et qui forment l'Etat en se soumettant au souverain ».

Lingg nous paraît attribuer à un seul homme une force formidable et surnaturel. L'affirmation de cet auteur est d'autant plus étonnante qu'il déclare à chaque instant dans son ouvrage qu'il se place au point de vue des faits. Où a-t-on vu un homme pouvant imposer matériellement et à lui tout seul sa volonté? Lingg, du reste, se contredit, en admettant qu'un homme omnipotent puisse être déterminé par d'autres individus. S'il est réellement déterminé par d'autres et s'il est obligé de vouloir dans tel ou tel sens, il est plus naturel d'admettre que ce sont précisément ceux qui le déterminent qui sont les souverains et non pas lui tout seul. En outre, il est inadmissible de considérer un homme comme tout puissant, à la condition que ceux qu'il domine se soumettent d'eux-mêmes. Conformément à la simple logique, la force d'un seul homme ne saurait l'emporter sur la force d'un nombre considérable d'individus, lorsque lesdits individus sont unis. L'Etat, contrairement à ce que pense Lingg, tout en étant un *status*, a une volonté. L'Etat est

un état de certains individus qui, précisément, veulent
de concert. C'est cette volonté qui est à la base de la
souveraineté. Et c'est pour cela que l'Etat et la souveraineté ne se conçoivent pas l'un sans l'autre.

Selon Esmein (1), « quelle que soit la source légale de
la souveraineté chez un peuple, en quelques mains que
la loi l'ait placée, elle ne subsiste et ne s'exerce en fait
que si elle est obéie par les citoyens ou sujets. Or, cette
obéissance ne peut être obtenue que de deux manières :
ou par l'emploi de la force ou par l'adhésion de l'opinion
publique. La force ne peut point maintenir d'une façon
durable la souveraineté légale, si ce n'est dans des conditions tout à fait exceptionnelles. Cela peut se produire
chez une nation inférieure ou dégénérée, conquise par
une race supérieure ou plus forte. Mais cela ne saurait
exister chez une nation indépendante et saine : il n'y a
pas de force matérielle qui soit capable de maintenir au
pouvoir un maître dont l'immense majorité du peuple ne
voudrait pas ».

Suivant Maine (2), « si tous les membres de la communauté disposaient d'une force physique égale et restaient
désarmés, le pouvoir résulterait uniquement de la supériorité du nombre : mais, en réalité, différentes causes,
parmi lesquelles il faut ranger en première ligne la force
physique supérieure et l'armement plus perfectionné
d'une partie de la communauté, ont investi les mino-
rités numériques du pouvoir d'exercer une pression irré-

(1) A. Esmein : *Droit constitutionnel*, p. 166. Paris 1896.
(2) Henri Sumner Maine : *Institutions primitives*, trad. Durieu de
Leyritz, p. 440. Paris 1880.

sistible sur les individus composant la communauté tout entière ».

Il nous semble que l'opinion d'Esmein doit l'emporter sur l'opinion de Maine. La force physique ou celle qui résulte de l'armement est une force brutale, qui, en définitive, ne peut que détruire, en face d'une volonté inébranlable d'un nombre considérable d'individus matériellement faibles. La force brutale n'est pas la souveraineté, elle ne devient vraiment efficiente que lorsqu'elle se met au service de la volonté générale. Pour qu'une force purement matérielle ait l'apparence de réussir, il faut la passivité du plus grand nombre. Or, lorsqu'il y a passivité, il y a consentement. Austin (1) désapprouve cette manière de voir, en objectant que « la passivité, le plus souvent, a pour raison la crainte des maux que le peuple pourrait encourir par sa résistance ». L'éminent jurisconsulte anglais, par son objection, ne fait que renforcer l'argumentation qu'il cherche à détruire. En effet, Austin, sans le vouloir, fait ressortir la nécessité de l'obéissance volontaire. Quoique par peur, celui qui obéit, obéit tout de même. La force matérielle donc, qui règne apparamment, ne règne que grâce au concours de l'ensemble des individus qui composent l'Etat (2).

« La souveraineté d'un peuple, pour Eichthal (3), ne pourrait exister dans le sens propre et absolu du mot souveraineté qu'avec l'unanimité toujours subsistante et toujours constatée des citoyens, ce qui est impossible

(1) Austin : *l. c.*, p. 297.
(2) Voir ch. I, notamm. §§ 1 et 2, p. 17-24.
(3) Eug. d'Eichthal : *Souveraineté du peuple*, p. 6, Paris 1895.

moralement et matériellement. La souveraineté du peuple, dans ces conditions, n'aurait du reste d'effet que vis-à-vis d'autres nations, puisque l'unanimité embrassant chaque peuple tout entier, la souveraineté à l'intérieur ne pourrait plus s'exercer sur personne : elle ne serait plus qu'une souveraineté théorique sans sanction comme sans application ».

Nous répondons à Eichthal que la constance de la volonté et surtout sa manifestation ininterrompue est impossible, non seulement pour un peuple ou un Etat, mais même pour un simple individu. C'est en cas d'action ou de non opposition que la volonté se manifeste. L'unanimité des citoyens subsiste tant qu'ils ne se débandent pas. La souveraineté s'exerce par l'action sur les individus dont elle émane. Non seulement elle s'exerce sur eux, mais elle ne s'exerce que sur eux. A l'extérieur, la souveraineté n'apparaît que comme une simple force, et elle n'agit sur les récalcitrants de l'intérieur que par le fait qu'ils deviennent impuissants à cause de l'existence de la souveraineté de fait. En d'autres termes, la souveraineté, émanant de l'Etat, s'exerce sur l'Etat et par l'Etat.

« Le droit de souveraineté nationale, dit Fiore (1), est de droit divin, mais, désigner la personne à laquelle doit être confié l'exercice de ce droit, est un droit humain et, en cela, Dieu n'y entre pour rien ».

« La souveraineté du peuple. écrit à son tour Brocher (2), seule base solide de l'ordre social, signifie pro-

(1) Fiore : *l. c.*, p. 165.
(2) H. Brocher de la Fléchère : *Philosophie de l'histoire du droit à Genève*, p. 27-29. Genève 1895.

prement qu'aucun individu n'est souverain, que les pouvoirs publics sont des mandats quelquefois tacites qui peuvent toujours être retirés ; que chaque citoyen a le droit de demander qu'on tienne compte de ses intérêts et d'intervenir pour cela dans la direction des affaires publiques. Mais le peuple ne peut pas exercer la souveraineté, parce qu'il ne peut avoir qu'une volonté fictive ».

Nous croyons, au contraire, que la souveraineté, non seulement appartient au peuple — le mot peuple étant pris comme synonyme de l'Etat — mais qu'en outre l'exercice de la souveraineté ne peut appartenir qu'à lui seul. Attribuer la souveraineté à un être tout en concevant qu'il ne peut pas en avoir l'exercice, cela nous paraît être une contradiction. La souveraineté ne vaut et ne se manifeste que par son exercice, étant essentiellement une notion de fait. Les divers rouages, qui peuvent se trouver dans un Etat donné, n'exercent pas la souveraineté, comme on l'enseigne généralement, mais simplement une fonction déterminée. Ces rouages (1) et leur fonction émanent de la souveraineté dudit Etat et sont dès lors précisément le résultat de l'exercice de la souveraineté.

La souveraineté, dit Rousseau (2), ne peut jamais s'aliéner, car « le pouvoir peut bien se transmettre, mais non la volonté ». Rousseau arrive à cette conclusion, non pas comme le dit Bluntschli (3), parce qu'il substitue la *suprema voluntas* à la *suprema potestas,* mais bien parce

____

(1) Voir p. 124 et 138. — Comparez : Saleilles : *l. c.*, p. 389, *in fine*.
(2) J.-J. Rousseau : *l. c.*, liv. II, ch. I et liv. I, ch. VI.
(3) Bluntschli : *Théorie gén.*, *l. c.*, p. 441.

qu'il considère la souveraineté à la fois comme *suprema potestas* et comme *suprema voluntas*, ainsi que nous l'avons vu en son lieu (1). « Mais l'histoire dément l'inaliénabilité de la souveraineté, objecte Bluntschli ». L'histoire n'a rien démenti du tout, répondons-nous. Au contraire, l'histoire a montré que lorsque le peuple, c'est-à-dire l'ensemble d'un Etat, a résolûment voulu briser les autorités et a voulu agir directement dans ses affaires, il l'a toujours fait. Et, pour Rousseau, peuple et Etat sont bel et bien des mots synonymes. « Les membres de l'Etat, dit-il, à l'égard des associés, prennent collectivement le nom de peuple ».

Esmein (2), tout en voulant prouver ce que nous soutenons, ne nous semble pas argumenter juste. « On n'aliène, dit-il, que ce qui vous appartient. Or, la souveraineté nationale n'appartient pas en propriété à la génération présente, qui nécessairement et légitimement en a le libre exercice, mais simplement l'exercice : elle appartient à la nation, incarnée dans l'Etat, c'est-à-dire à la série des générations successives ; elle appartient aux hommes de demain comme aux hommes d'aujourd'hui. C'est un dépôt sacré que les générations se transmettent l'une à l'autre ».

La souveraineté, répondons-nous, étant un fait, appartient à celui qui la possède. Le possesseur en a aussi bien l'exercice que la propriété. L'Etat est souverain tant qu'il existe comme telle. L'ensemble des individus qui composent l'Etat aura beau se figurer attribuer la souve-

(1) Voir ce chapitre, § 2, p. 93-94.
(2) Esmein : *l. c.*, p. 171.

raineté à tel ou tel organe de l'Etat, il reste en fait toujours le maître, il reste toujours le vrai souverain. Si donc le peuple, la nation, a toujours la souveraineté tant que l'Etat souverain subsiste, c'est qu'il y a impossibilité matérielle à ce qu'un autre être quelconque ait cette souveraineté.

En définitive, la souveraineté dans l'Etat ne peut être conçue et désignée que comme souveraineté de l'Etat. Elle ne peut être ni la souveraineté du peuple, — le mot peuple étant pris dans son sens spécial et restreint, — ni la souveraineté du chef de l'Etat, ni la souveraineté du parlement, ni la souveraineté d'aucun autre corps constitué dans l'Etat. La souveraineté, étant la combinaison de la volonté générale et de la force publique, est, par cela même, le produit de l'ensemble de l'Etat. Attribuer la souveraineté au peuple proprement dit, c'est-à-dire à tout ce qui ne possède aucun rôle dirigeant légal, c'est arbitraire. Ceux qui jouent un rôle dirigeant légal ne peuvent pas être réellement exclus du peuple. Et, si on ne les exclut pas, le mot peuple ne peut avoir que le sens de l'ensemble de l'Etat. D'autre part, attribuer la souveraineté à telle ou telle autorité constituée, c'est-à-dire, en réalité, à une minorité de citoyens, c'est méconnaître les faits. Comparativement à l'ensemble de l'Etat, la force matérielle de ces derniers est absolument insignifiante, et leur force immatérielle est loin d'être la suprême de l'Etat.

§ 7. — Contenu et consistance de la souveraineté.

Après avoir examiné, en son lieu (1), la souveraineté quant à son essence, nous devons rechercher ici de quelle façon elle se manifeste et en quoi elle consiste. Il nous faut établir une formule qui donne une idée exacte du contenu de la souveraineté. Ayant constaté que dans son essence la souveraineté est une force, nous allons déterminer maintenant l'action de cette force.

« Les droits qui dépendent dans la règle de la souveraineté d'un Etat, dit Bluntschli (2), sont : *a*) le droit de faire lui-même sa constitution ; *b*) le droit d'avoir pour son peuple et son territoire une législation indépendante ; *c*) le droit de se gouverner et d'administrer lui-même ; *d*) la libre nomination aux emplois publics ; *e*) le droit de désigner et d'accréditer des représentants auprès des autres Etats ».

Pour Pradier-Fodéré (3), « la souveraineté est le pouvoir qui appartient à toute nation de déterminer sa manière d'être, de formuler ses conditions de droit, de constituer l'Etat et le gouvernement selon l'idée qu'elle représente ou le but humain qu'elle poursuit ».

Suivant Cossé (4), « légiférer et agir, faire la loi et

(1) Voir ce chapitre, § 2, p. 90-96.
(2) Bluntschli : *Droit international*, trad. M. C. Lardy, p. 89 (art. 65). Paris 1886.
(3) P. Pradier-Fodéré : *Droit international public*, t. I, p. 159 (n° 88). Paris 1885.
(4) Cossé : *l. c.*, p. 101.

en assurer l'application, représenter l'Etat dans les rapports qu'il a avec les autres Etats, traiter en son nom et prendre toutes les mesures qui doivent assurer le maintien de son unité et de sa puissance contre les entreprises du dedans ou du dehors, qui auraient à compromettre et menacer ses intérêts, voilà le champ d'action de la souveraineté ».

« La souveraineté de l'Etat, dit Moreau (1), est externe ou interne, selon qu'on étudie ses rapports avec les autres Etats ou avec ses propres membres. La souveraineté externe est l'affirmation de l'existence propre et autonome de l'Etat au regard des autres Etats ; la souveraineté interne est l'affirmation de la vie sociale collective au regard des vies particulières ».

Selon Hauriou (2), « la souveraineté de l'Etat est aussi étendue que le pouvoir politique, car tout le pouvoir politique est censé appartenir à l'Etat. Or, si l'on se place au point de vue des actes par lesquels se manifeste le pouvoir politique, on en perçoit trois espèces différentes : 1°) décisions soudaines prises par le gouvernement seul et dont le corps social n'a pas conscience, œuvre du pouvoir exécutif; 2°) décisions réfléchies et séparées de l'exécution dont le corps social peut prendre conscience, et parmi lesquelles figurent les lois, œuvre du pouvoir législatif ou délibérant ; 3°) jugement des actes au point de vue du droit, œuvre du pouvoir judiciaire.

Les auteurs précités, tout en cherchant à donner une

(1) Moreau : *l. c.*, p. 27.
(2) Hauriou : *l. c.*, p. 11.

idée concrète de la souveraineté, restent plus ou moins dans le vague, en manquant de précision scientifique. En réalité, ils ne font qu'énumérer quelques-unes des attributions plus ou moins indispensables de l'Etat. Dans ces conditions, toute discussion est impossible et inutile. A côté de ces publicistes, nous aurions pu citer une foule d'autres qui sont encore plus vagues dans leur tentative d'établir une donnée scientifique du contenu de la souveraineté (1). En les passant sous silence, nous abordons tout de suite les auteurs dont la tentative remue les idées et impose la réplique.

Roguin (2) nous présente, sous une forme scientifique, une vieille idée en nous disant : « La souveraineté est le droit de dire le dernier mot sur une matière donnée. La souveraineté politique comporte dès lors un certain ensemble de pouvoirs en dernier ressort ».

Nous répondons à Roguin que la souveraineté implique non seulement le droit de dire le dernier mot, mais même le droit de dire le premier mot. L'ensemble des pouvoirs en dernier ressort est aussi bien l'ensemble des pouvoirs en premier ressort. En définitive, ces pouvoirs ne sont que des rouages qui, fonctionnant conformément à des règles établies par avance, ne font qu'exprimer le contenu de la souveraineté graduellement.

Suivant Gareis (3), « la souveraineté de l'Etat consiste en ce que ce dernier peut désigner comme son intérêt, en

(1) Voir Hobbes : *Leviathan, or the matter, form and power of a common-wealth*, ch. XVIII. London 1651.

(2) Roguin : *l. c.*, p. 133-134.

(3) Gareis : *l. c.*, p. 28-29.

l'élevant au rang d'un droit, l'intérêt voulu et le réaliser par l'emploi de tout moyen » (1).

La définition de Gareis ne nous paraît pas manquer de forme scientifique. On se demande pourtant pourquoi la souveraineté ne conférerait à l'Etat que le pouvoir de désigner son intérêt. Il est vrai qu'on conçoit difficilement un Etat agissant sciemment contre son intérêt. Mais nous ne sommes pas sûr que le cas ne se présente un jour, s'il ne s'est déjà pas présenté. Ce qui est certain cependant, c'est que l'Etat agit souvent d'une manière désintéressée. Ne voir dans les actes de l'Etat que des actes de propre intérêt, c'est par trop excessif.

Selon Jellinek (2), « si l'Etat doit être la force suprême, — la force la plus élevée à l'intérieur et la force indépendante à l'extérieur, — l'obligation par propre volonté ne peut pas lui servir comme signe caractéristique. On doit encore ajouter qu'aucune volonté étrangère n'est en mesure d'obliger juridiquement l'Etat, qu'il n'est soumis à aucune autre volonté que la sienne. En d'autres termes, obligation exclusive par propre volonté, c'est le signe caractéristique de l'Etat souverain au point de vue juridique. Souveraineté est dès lors la propriété de l'Etat, en vertu de laquelle il ne peut être juridiquement obligé que par sa propre volonté ».

« La définition de Jellinek, objecte Haenel (3), est

____

(1) J. L. Klüber (*Öffentliches Recht des teutschen Bundes*, p. 4. Frankfurt 1831) avait déjà dit que « la souveraineté est le droit de choisir le moyen d'atteindre le but de l'Etat ».

(2) Jellinek : *Staatenverbindungen, l. c.*, p. 34.

(3) A. Haenel : *Deutsches Staatsrecht*, t. I, p. 117². Leipzig 1892.

erronée, parce qu'en réalité l'Etat ne s'oblige pas par sa propre volonté. D'une manière générale, la volonté humaine ne se détermine en dernière analyse que par elle-même. Mais ici il ne s'agit pas de cette vérité psychologique. Il y a à se demander si l'Etat peut établir. ou non le droit selon son bon plaisir, ou s'il doit reconnaître le droit comme une norme qui le lie lui-même de par sa nature. Dans ce sens l'Etat n'est pas obligé de par sa propre volonté, mais par la nécessité du droit qui s'impose à lui ».

Nous estimons que ni Jellinek ni Haenel ne sont dans le vrai. Pour toute individualité non souveraine et même souveraine la possibilité de donner naissance à une obligation par propre volonté est concevable. Pour l'individualité souveraine, l'Etat proprement dit, la possibilité n'est même concevable que par propre volonté. Mais l'exécution d'un engagement d'une manière forcée et juridique n'est concevable qu'à l'égard d'une individualité non souveraine. L'Etat souverain, en possession de la force suprême, ne saurait être vaincu par une autre force, tant qu'il demeure réellement Etat (1). La nécessité qu'éprouve l'Etat de se conformer aux usages, plus ou moins stables, du monde civilisé, en ne manquant pas à ses engagements, est du domaine de la morale et de la science pure du droit. Si généralement l'Etat a pour habitude de ne pas violer ses engagements, il n'en est pas moins vrai qu'en fait il les viole assez souvent. Cette violation se produit, non seulement envers l'Etat étran-

(1) Voir chapitre I, § 1, p. 17-20.

ger mais même à l'égard des nationaux dans l'Etat
même. Ainsi, si on veut absolument considérer l'Etat
souverain comme pouvant être obligé, il faut reconnaître
que l'obligation dont il est passible est d'une nature
spéciale. La conception romaine de la personne est
encore plus ou moins exacte, surtout en ce qui concerne
la personnalité de l'Etat souverain.

« Pour les Romains, dit Gierke (1), la personnalité,
c'est la volonté indivisible reconnue par le droit. La
personnalité est une puissance de volonté aussi absolue
dans le domaine du droit privée que l'Etat dans le
domaine du droit public. La personnalité ne se détermine
que par elle-même, mais elle n'est affectée ou modifiée ni
par un engagement avec d'autres sujets ni par les objets
qui tombent sous sa domination. Ainsi, en définitive, la
personnalité, pour s'obliger, doit le faire par sa propre
volonté. Une fois obligée, elle ne perd pas par cela même
son caractère. Elle ne fait qu'abandonner un de ses droits.
Ce n'est qu'au cas de l'inexécution de l'engagement
qu'elle peut devenir chose. Et dans sa sphère juridique,
qu'elle pénètre et façonne, la personnalité est d'une
compétence absolue. Ainsi, en résumé, la personne
romaine est, aussi bien à l'intérieur qu'à l'extérieur, souveraine ».

Suivant Haenel (2), « l'Etat est une communauté d'individus suffisante et complète douée d'une conscience et

(1) Otto Gierke : *Das deutsche Genossenschaftsrecht*, t. II, p. 29. Berlin, 1873.

(2) A. Haenel : *Die Vertragsmässigen Elemente der deutschen Reichs-
verfassung*, p. 61, 148-149. Leipzig 1873.

par cela même capable de volonté et d'action. Complète,
dans le sens qu'aucun but nécessaire ne lui est étranger.
Suffisante, dans le sens qu'elle trouve en elle-même les
conditions de sa vie et de son activité. Dans l'Etat, personne ne peut par lui-même élargir sa compétence. Il
n'en est pas ainsi de l'Etat lui-même. A la vérité, l'Etat
ne s'affranchit pas des exigences de sa conception, dans
la limitation ou l'augmentation de ses tâches ; mais,
juridiquement, les limites changeantes de ses compétences ne lui viennent pas d'une autorité supérieure : il
se les impose lui-même selon sa volonté. C'est dans cette
puissance juridique de l'Etat, relativement à sa compétence, que gît la condition suprême de l'autarcie, l'essence
de sa souveraineté. Et l'on attribuera la qualité d'Etat
ou on la refusera à telle ou telle communauté politique,
suivant qu'elle est ou n'est pas douée de souveraineté ».

« La conception de Haenel, objecte Jellinek (1), peut
être vraie à l'intérieur d'un Etat : elle ne l'est plus lorsqu'on l'examine au point de vue du droit international.
Si l'Etat peut avoir la compétence de la compétence à
l'intérieur, et dès lors, en respectant les formes constitutionnelles, lever les restrictions qu'il s'impose, il ne
l'a plus vis-à-vis de l'étranger, car une fois qu'il a con-
tracté des engagements avec un Etat, il ne peut plus les
changer sans le consentement de ce dernier. Ainsi, en
déclarant d'une manière absolue la compétence de la
compétence pour un Etat, on nierait l'existence du droit
international. Du reste, il y a des cas particuliers où l'Etat

(1) Jellinek : *Staatenverbindungen, l. c.*, p. 29-30.

n'a pas du tout la compétence de la compétence, comme, par exemple, lorsque, d'une part, l'Etat suzerain ne peut pas élargir ses compétences relativement à l'Etat vassal, et, d'autre part, l'Etat vassal n'est pas libre de s'attribuer des compétences nouvelles ».

Plus tard, dans un nouvel ouvrage, Jellineck s'exprime ainsi : « L'Etat, qui possède la capacité exclusive de l'autodétermination, a également la capacité exclusive de déterminer les limites de son activité. De là il suit que seulement l'Etat souverain peut régler les limites de sa compétence. Le pouvoir juridique exclusif de l'Etat sur la compétence est la conséquence primordiale de la conception de la souveraineté. Et lorsque l'Etat se pose des limites, loin de perdre la compétence de la compétence, manifeste par cela même qu'il la possède. Une personne collective, dont la limitation de la compétence est continue, est un Etat qui laisse sa compétence invariable. L'Etat peut, mais il ne doit pas nécessairement la changer. Constance de la limitation de la compétence, au point de vue juridique, signifie que l'Etat, en attendant, ne trouve aucune occasion de changer sa compétence (1) ».

En somme, tandis que Haenel trouve que la souveraineté de l'Etat se résume dans la compétence de la compétence, Jellinek conçoit cette compétence de la compétence comme une conséquence de la souveraineté. Jellinek cependant, en faisant une réserve au sujet de la compétence de la compétence, se met en contradiction

(1) Jellinek : *Gesetz und Verordnung*, *l. c.*, p. 197.

avec lui-même. Le savant auteur, ne concevant pas la compétence de la compétence s'étendant envers l'étranger, par le motif que dans les engagements internationaux tout changement exige le consentement des deux parties, renverse sa propre théorie. En effet, lorsqu'on n'a pas la compétence de la compétence à l'égard de l'étranger, on n'a pas non plus la liberté de s'obliger par propre volonté. Or, la conception de la souveraineté, formulée par Jellinek, est basée précisément sur la liberté absolue d'obligation. Quant à nous, il nous semble qu'il est plus rationnel d'admettre que les engagements internationaux ne sont pas des obligations proprement dites. Il est vrai qu'en pensant de la sorte, on nie l'existence du droit international. Mais, en niant le droit international, on ne le nie que comme droit positif. Or, il est incontestable que, comme droit positif, il n'existe guère, étant dépourvu de toute sanction légale. Nous avons vu que Jellinek s'est ravisé plus tard et a cherché à expliquer à sa façon la limitation de la compétence de la compétence. En définitive, rien ne nous empêche d'admetre comme vraie la conception de Haenel. Il est certain que dans le monde civilisé actuel, l'Etat a l'habitude de ne pas agir par surprise et fixe, dès lors, la compétence de sa compétence, en donnant ainsi la formule de sa souveraineté actuelle. On ne saurait trop recommander le procédé, mais il n'en est pas moins vrai que toute limitation, aussi bien en théorie qu'en pratique, est impossible. La souveraineté, étant une force humainement absolue, ne connaît pas de bornes humaines.

Zorn (1) s'exprime dans le même sens en écrivant : « La souveraineté, c'est la substance de la *suprema potestas* d'un Etat. Et, ce qui caractérise l'Etat, ce n'est pas le fait qu'il légifère, car d'autres communautés peuvent également légiférer, mais le fait qu'il légifère au moyen d'un droit propre. Cependant légiférer par droit propre, c'est avoir la compétence de la compétence. Or, c'est seulement la compétence de l'Etat qui est illimitée et illimitable, et c'est ainsi que l'Etat possède la souveraineté et la possède lui seul ».

Borel (2), en adoptant les vues de Haenel, formule la conception de la souveraineté comme il suit : « La souveraineté est le pouvoir légal de l'Etat de déterminer lui-même sa compétence ». A titre d'explication Borel ajoute : « L'être souverain peut être restreint par certaines barrières légales, pourvu que ces barrières reposent sur son consentement ». Plus loin cependant Borel s'exprime ainsi : « Il est impossible de concevoir un Etat souverain, qui n'aurait pas le droit de déterminer sa compétence, un système d'Etats où ce droit n'existât nulle part. L'Etat doit toujours être en mesure de modifier sa compétence et ses pouvoirs, selon ses besoins et les circonstances du moment ».

Ainsi, Borel admet tout d'abord une définition de la souveraineté, qui pose une règle de droit positif. Puis, tout en affirmant que l'Etat peut se poser des barrières

---

(1) Zorn : Streitfragen des deutschen Staatsrechts (*Zeitschrift für die ges. Staatswissenschaft*, t. XXXVII, p. 309. Tübingen 1881).

(2) Eug. Borel : *La souveraineté et l'Etat fédératif*, p. 32-34. Berne 1886.

légales, Borel renverse la théorie qu'il adopte, en refusant à l'Etat le droit de s'interdire toute nouvelle compétence. Pour affirmer que l'Etat peut se poser des barrières, Borel raisonne au point de vue du droit positif, tandis que pour refuser à l'Etat le droit de s'interdire toute nouvelle compétence, Borel argumente au point de vue du droit naturel. En effet, en droit naturel, il est impossible de concevoir un Etat s'interdisant toute nouvelle compétence. En droit positif, la restriction dont il s'agit est fort possible. Des constitutions déclarées perpétuelles n'ont pas manqué ; ce qui a manqué, c'est la durée indéfinie de ces constitutions.

En soutenant une conception, présentée comme émanation du droit positif, notre auteur aurait dû poursuivre sa démonstration conformément à ce droit. En ce faisant cependant, il serait arrivé à une conclusion qui est contraire à ses vues. En effet, pour être d'accord avec la conception du droit positif, il eût dû admettre qu'il peut y avoir des Etats ne possédant pas légalement la compétence de leur compétence. Or, admettre cela c'eût été nier l'essence même de la conception que Borel adopte. Pour aboutir à un résultat satisfaisant et logique, notre auteur aurait dû abandonner entièrement le droit positif, en formulant la conception de la souveraineté selon le droit pur et conformément aux faits.

Suivant Rosin (1), « la souveraineté, c'est l'état d'une personnalité qui ne peut être juridiquement déterminée par la volonté d'aucune autre personnalité, ou bien,

______

(1) Rosin : *l. c.*, p. 3.

c'est l'état juridique d'une personnalité qui se détermine exclusivement par sa propre volonté. Non souveraine est dès lors toute personnalité, pouvant être juridiquement déterminée par une volonté qui n'est pas en elle. Il n'y a que cette alternative : détermination ou non-détermination exclusive par propre volonté ; on ne saurait concevoir une demi-souveraineté, une souveraineté incomplète ou partagée ».

Critiquant la définition de Rosin, Haenel (1) objecte « que nulle société et aucun droit ne reposent sur une autodétermination exclusivement par propre volonté ».

Il nous semble que l'objection de Haenel n'atteint pas Rosin. En effet, Rosin parle d'une détermination juridique, légale et non morale. Or, si une détermination morale exclusivement par propre volonté est *a priori* impossible, par contre une détermination par propre volonté de pure forme, légale, est toujours possible. En réalité, l'autodétermination dont parle Rosin est la compétence de la compétence sans bornes.

Suivant Liebe (2), « la souveraineté de l'Etat consiste en ce que ce dernier n'est pas, en général, limité dans son aptitude à agir, dans son aptitude à déterminer son existence juridique ; il n'est limité dans ses actes qu'autant qu'il a voulu se limiter lui-même. En d'autres termes, la souveraineté, c'est la compétence de la compétence. Mais, à côté de la souveraineté, il y a les droits de domination de l'Etat (*Hoheitsrechte*), qui sont une conception

(1) Haenel : *Deutsches Staatsrecht, l. c.*, p. 117.
(2) Liebe : Staatsrechtliche Streitfragen (*Zeitschrift für die ges. Staatswissenchaft*, XXXVIII, p. 641-42. Tüb. 1882).

indépendante de la souveraineté et ne découlent pas
d'elle. La caractéristique des droits de domination, c'est
le fait de commander : l'ordre. La caractéristique de la
souveraineté, c'est le fait de n'être commandé par personne : l'indépendance de tout ordre ».

La conception de Liebe nous paraît être on ne peut
plus obscure. Est-ce que la souveraineté est douée de
l'aptitude à commander ? Si elle en est douée, pourquoi
faire de « l'ordre » une notion à part ? Si elle n'en est
pas douée, comment pourrait-on concevoir une souveraineté aussi boiteuse ? Du reste, l'idée d'indépendance est
inséparable de l'idée de commandement. Si on peut
comprendre un être doué de l'aptitude à commander
sans avoir l'indépendance, on ne saurait d'aucune façon
comprendre un être jouissant d'une indépendance absolue, sans posséder le moindre pouvoir de commandement. Enfin, comment peut-on concevoir la compétence
de la compétence sans pouvoir de commandement ?
Toutes ces idées contradictoires et confuses se trouvent
pourtant dans le texte précité de notre auteur.

« La souveraineté, dit Seydel (1), étant au-dessus de
tout, ne peut pas consister seulement dans certains droits
de souveraineté. Délimitée, la souveraineté perdrait son
essence même. Pour mériter son nom, la souveraineté
doit être en état d'exercer toutes les aptitudes imaginables, sans pour cela être nécessairement obligée de les
exercer toutes ».

« Par le fait que l'Etat, écrit à son tour Jellinek (2),

(1) Seydel : *Bundesstaatsbegriff*, *l. c.*, p. 190.
(2) Jellinek : *Gesetz und Verordnung*, *l. c.*, p. 200-201.

au moyen de son autodétermination, dirige son activité
sur des points déterminés de la vie commune, — se forme
la conception des droits de souveraineté. Les droits de
souveraineté, c'est la souveraineté limitée en fait. En
concevant la souveraineté, on doit entendre que l'Etat
possède potentiellement tous les droits imaginables de
souveraineté. Mais chaque Etat n'est en possession que
des droits de souveraineté qu'il se donne en réalité. Souveraineté, dès lors, ne veut pas dire possession de tous
les droits de souveraineté, mais signifie simplement possibilité de posséder tous les droits de souveraineté ».

Il nous semble que l'opinion de Seydel doit prévaloir
sur celle de Jellinek. Faire une distinction entre la possession et la possibilité de posséder, ne nous paraît pas
être rationnel. La distinction est ou n'est pas réelle. Si
elle n'est pas réelle, elle est imaginaire et elle ne sert à
rien. Si elle est réelle, elle est contraire à l'essence de la
souveraineté. En effet, pour que la distinction imaginée
par Jellinek soit réelle, il faut supposer que certains
droits de souveraineté, dans un moment donné, manquent à la souveraineté elle-même. Or, une souveraineté,
qui n'a pas toutes ses aptitudes et n'est pas en état de
les exercer toutes au moment voulu, perd son essence.
En réalité, Jellinek suppose que l'Etat souverain n'a
comme droits de souveraineté que ceux qu'il déclare avoir.
Or, cette règle est inexacte. L'Etat souverain a et possède effectivement tous les droits de souveraineté. L'Etat
ne proclame ses droits que pour éviter les surprises et
par mesure d'ordre. Mais quand il n'agit pas de la sorte,

il ne possède pas moins tous les droits de souveraineté imaginés ou imaginables.

« On doit, écrit Siéyès (1), concevoir les nations sur la terre comme des individus hors du lien social, ou, comme l'on dit, dans l'état de nature. L'exercice de leur volonté est libre et indépendant de toutes les formes civiles. N'existant que dans l'ordre naturel, leur volonté, pour sortir tout son effet, n'a besoin que de porter les caractères naturels d'une volonté. De quelque manière qu'une nation veuille, il suffit qu'elle veuille ; toutes les formes sont bonnes et sa volonté est toujours la loi suprême ».

Nous avons dit, en son lieu (2), que la souveraineté résulte de la coopération de la force publique avec la volonté générale. Le contenu d'une force matérielle ne peut être que force et dès lors le contenu de la force publique n'a pas besoin d'être précisé davantage. Le contenu de la volonté générale peut varier à l'infini, parce que l'on peut vouloir toutes sortes de choses. L'Etat qui existe et qui veut vivre cherche à accomplir ses multiples tâches par toutes sortes de moyens. Toutes sortes de moyens doivent donc être à la disposition de la souveraineté. Dès lors, le contenu de la volonté générale doit être une certaine quantité de moyens. Il y a cependant un moyen qui embrasse tous les autres moyens. C'est celui qui est à même de donner une cohésion à des individus qui se groupent en Etat. Cette cohésion s'obtient différemment suivant les époques et les lieux. La volonté générale d'un Etat donné formule les divers pro-

(1) Siéyès : *Qu'est-ce que le tiers état*, p. 115, 116.
(2) Voir ce chapitre, § 2, p. 90-96.

cédés. Par conséquent, le moyen qui embrasse tous les autres moyens, le moyen primordial, c'est celui qui met l'Etat à même de se donner plus ou moins d'attributions, afin de poursuivre la réalisation de ses tâches. Pour ne pas aboutir à la dissolution de l'Etat, les attributions ne doivent pas être diminuées au-deça du strict nécessaire. Les attributions qu'un Etat ne se décerne pas ne pourront pas être abandonnées à un être ne faisant pas partie de l'Etat, car autrement l'Etat disparaît comme entité libre. La volonté générale devant toujours être actuelle pour mériter son nom, il est impossible de la concevoir limitée par une autre volonté générale antérieure. Du reste, la volonté générale n'aurait pas le caractère essentiel d'être la force immatérielle suprême dans l'Etat, si elle était limitée par une force antérieure. Il en résulte que la volonté générale ne peut être conçue que comme pouvant toujours augmenter ou diminuer les attributions de l'Etat. Et, devant en outre être soutenue en toute occasion par la force publique, elle est à même de poursuivre la réalisation des tâches qu'elle se donne.

En résumé, fixation continuelle des attributions de l'Etat par la volonté générale et réalisation de ces attributions avec l'aide éventuelle de la force publique, constituent la souveraineté.

§ 8. — La souveraineté en face des régimes et des formes de l'Etat.

La différence, en ce qui concerne la souveraineté, entre des Etats possédant des régimes dissemblables, est une question de procédure. Dans l'Etat sous régime absolutiste, un seul individu est chargé d'exprimer le contenu de la souveraineté de l'Etat. Dans l'Etat sous régime constitutionnel, divers corps constitués sont chargés de la fonction en question. Dans l'Etat sous régime démocratique pur, c'est l'ensemble de l'Etat qui a la charge d'exprimer le contenu de sa propre souveraineté. Cependant dans l'Etat sous régime absolutiste et dans l'Etat sous régime constitutionnel, l'Etat dans son ensemble peut en fait reprendre directement pour son compte la charge dont nous parlons.

La différence entre un Etat unitaire et un Etat fédératif, en ce qui concerne la souveraineté, est également une question de procédure. Ladite différence consiste dans les institutions qui sont chargées d'exprimer le contenu de la souveraineté, ainsi que dans les corps chargés de réaliser les attributions édictées. Dans un Etat unitaire, il y a effectivement plus de centralisation gouvernementale et administrative que dans un Etat fédératif. Il ne faut cependant pas dire, comme le fait Borel (1), que dans l'Etat fédératif les Etats particuliers participent à l'exercice de la souveraineté, et que, par

(1) Borel : *l. c.*, p. 172-179.

contre. dans l'Etat unitaire ses subdivisions territoriales n'y participent pas (1). Un Etat unitaire peut donner à certaines subdivisions de son territoire telle ou telle fonction, en ce qui concerne la souveraineté, aussi bien qu'un Etat fédératif. « La différence, dit Gierke (2), entre l'Etat unitaire et l'Etat fédératif gît dans l'essence du sujet de la force publique. Dans l'Etat unitaire le sujet en question n'est qu'une seule personne collective, tandis que dans l'Etat fédératif ledit sujet est une pluralité de personnes collectives ». Nous ajoutons qu'en réalité l'Etat fédératif est l'Etat unitaire, dont les diverses subdivisions territoriales ont une très large autonomie pouvant varier dans son étendue. L'Etat fédératif se donne moins d'attributions que l'Etat unitaire, et, par cela même, laisse plus de champ libre à ses subdivisions territoriales. Celles-ci peuvent se donner dès lors telles ou telles attributions que l'Etat fédératif ne s'est pas données. Mais l'Etat fédératif a toujours le moyen primordial d'augmenter ses attributions et par cela même de se transformer en Etat unitaire (3).

(1) Le département [en France] si faiblement constitué qu'il soit, écrit avec raison Raoul de la Grasserie (*l. c.*, p. 122), participe au gouvernement national de deux manières. Les délégués du Conseil général concourent avec d'autres électeurs à nommer les sénateurs ; d'autre part, en cas de dissolution illégale du Parlement, les Conseils généraux se réunissent de plein droit, nomment deux délégués qui se réunissent à ceux des autres et remplacent le Parlement absent.

(2) Gierke : Laband's Staatsrecht und die d. Rechtswissenschaft (*Jahrbücher für Gesetzgebung von Schmoller*, p. 61. VII. Leipzig 1883).

(3) Raoul de Grasserie (*l. c.*, p. 38-39) écrit : « On incline vers le gouvernement unitaire, dès que le pouvoir de légiférer en toute matière autre que les rapports avec l'étranger et ceux entre les diffé-

La différence, quant à la souveraineté, entre le mode de procédure touchant le régime de l'Etat, et le mode de procédure touchant la forme de l'Etat, consiste dans le fait que le premier mode ne concerne que la surface de l'Etat, tandis que le second concerne le fond lui-même. Dans le premier cas, la souveraineté ne fait qu'envelopper l'Etat, tandis que dans le second elle évolue dans le corps même de l'Etat. Lorsqu'on a en vue le régime de l'Etat, on s'aperçoit que la souveraineté resserre l'ensemble de l'Etat autour de la surface pour le maintenir tel, tandis que lorsqu'on a en vue la forme de l'Etat, on s'aperçoit que la souveraineté pénètre de part en part l'ensemble de l'Etat pour le maintenir tel. La différence donc entre les deux modes de procédure n'est en somme qu'une question de genre. Ce sont deux modes de procédure qui ont le même but tout en étant d'un genre différent.

§ 9. — La souveraineté en face de l'Etat fédératif et de la confédération d'Etats.

« Une union d'Etats, dit Haenel (1), est concevable de deux façons. D'abord elle peut être conçue comme le

rents cantons est transporté, même partiellement, aux organes fédéraux. C'est là le point de virement ». Nous objectons que le mot « légiférer » est trop vague. Quelle est la substance dont on fait une loi ? Ne voyons-nous pas souvent le contenu d'un règlement municipal devenir une loi et le contenu d'une loi devenir un arrêté ministériel, et ainsi de suite ?

(1) Haenel : *Vertr. Elemente, l. c.,* p. 81 et 84.

complément des Etats qui la composent, en tant que ces derniers ne se sentent pas en mesure d'accomplir seuls leurs tâches. Ensuite, une union d'Etats peut être conçue comme personne indépendante, et illimitativement nécessaire au but de la communauté politique. Cette différence de conception doit forcément trouver son expression juridique dans les formes de la revision constitutionnelle, et, surtout, dans les formes du changement des compétences étatiques. Dans la première conception, le changement doit s'opérer, sinon par voie de traité, nécessairement par un acte juridique des Etats particuliers. Dans la seconde conception, l'union se placera en face du but complet de la communauté politique, entièrement libre dans son jugement. Et les formes du changement nous permettent de voir si dans une union d'Etats se trouve l'essence de l'Etat. On ne saurait cependant déterminer *a priori* les éléments de ce changement. Pour se prononcer, il faut prendre en considération la lettre, l'esprit et la structure générale de la constitution d'une union d'Etats donnée ».

Selon Gerber (1) « l'Etat fédératif est doué d'une force publique, à la vérité, limitée dans un domaine donné, mais réelle, dominant le peuple sans aucun intermédiaire. Par contre, la confédération d'Etats ne contient qu'un lien ayant pour but de rendre possible une union relative des gouvernements confédérés. Cette union lie avant tout les gouvernements, les peuples ne sont liés qu'en second lieu et par une sanction spéciale de leur propre force publique.

(1) Gerber : *Staatsrecht, l. c.*, p. 24$_3$ et 25$_1$.

« Dans la confédération d'Etats, dit Zorn (1), la force étatique demeure dans les Etats particuliers ; la confédération n'agit comme souverain que par commission des Etats particuliers. Donc les Etats particuliers sont seuls des Etats. Par contre, dans l'Etat fédératif, la force étatique est centralisée. L'Etat fédératif délimite seul la compétence de l'union par droit propre. Les Etats particuliers n'exercent leurs compétences que par délégation de l'Etat fédératif ».

Pour nous, l'Etat fédératif est un véritable Etat, alors que la confédération d'Etats ne l'est pas du tout. La confédération d'Etats n'a pas le moyen primordial de fixer, d'augmenter ou de diminuer ses attributions. Elle n'a ni force publique ni volonté générale. Les Etats particuliers, qui composent la confédération, peuvent fixer, augmenter ou diminuer leurs attributions, chacun séparément, parce que chacun d'eux a une volonté générale propre et une force publique indépendante. En un mot les Etats particuliers sont souverains. Les Etats, toutefois, qui forment la confédération limitent en apparence certains champs de leurs attributions actuelles ou possibles. Cette limitation n'est que du ressort du droit international. La limitation ne provient que des engagements internationaux. Ces engagements sont synallagmatiques, car ils occasionnent perte et profit dans la souveraineté de chaque Etat, et en définitive il y a compensation. Lesdits engagements ne peuvent être que temporaires. Chaque Etat pourra sortir de la confédéra-

(1) Zorn : *l. c.*, p. 313.

tion, dès que sa volonté générale le décidera, en abandonnant les avantages et en reprenant sa liberté d'action. On a vu cependant des confédérations d'Etats basées sur des pactes perpétuels. Mais ces pactes ont toujours été brisés, dès que la volonté générale d'un des Etats n'a plus voulu être de la confédération, et dès que la force publique dudit Etat a pu se soustraire à la pression de la force matérielle des autres Etats. En réalité, ce qui maintient une confédération en entité n'est autre chose qu'une alliance *sui generis* entre les Etats, une alliance plus prononcée que l'alliance ordinaire (1).

(1) Westerkamp (*l. c,,* p. 450-465) développe l'idée que la différence caractéristique entre la confédération d'Etats et l'Etat fédératif gît, d'une part, dans le domaine de la revision et de la garantie de la constitution, et, d'autre part, dans l'indépendance, l'autarcie et l'autoexistence de l'union en face des membres qui la composent : sont Etats fédératifs ceux qui ont ces propriétés ; les confédérations d'Etats n'ont pas ces propriétés.

Plus loin Westerkamp expose et critique quatre autres systèmes. Un premier système voit, d'après Westerkamp, la différence entre la confédération d'Etat et l'Etat fédératif dans les droits de souveraineté extérieurs et dans la manière de l'exercice du gouvernement fédéral. Dans l'Etat fédératif, ce système demande, d'une part, une unité dans les rapports internationaux, et, d'autre part, une action centrale s'étendant non pas sur les gouvernements membres, mais directement sur tout citoyen de ces Etats, alors que dans la confédération d'Etats ledit système ne demande rien de semblable. Un second système préconise, d'après Westerkamp, comme caractéristique seulement le second élément de la caractéristique du précédent système. En troisième lieu Westerkamp critique le système d'après lequel la compétence de la compétence appartient à l'Etat collectif dans l'Etat fédératif, et aux Etats-membres, dans la confédération d'Etats. Enfin un dernier système, d'après Westerkamp, voit la caractéristique en l'absolue égalité des droits, dans la confédération, et en l'inégalité dans l'Etat fédératif.

Nous croyons avoir suffisamment indiqué notre manière de voir

§ 10. — La souveraineté en face de l'Etat fédératif
et de ses subdivisions territoriales.

« La souveraineté, dit Bluntschli (1), implique l'indépendance de tout autre Etat. Elle n'est d'ailleurs jamais que relative. Le droit des gens et l'ordre juridique commun qu'il impose aux Etats sont aussi peu en contradiction avec leur souveraineté que la constitution qui règle à l'intérieur l'exercice des pouvoirs publics. Aussi les Etats particuliers d'un Etat composé peuvent-ils être réputés souverains, quoiqu'ils soient dépendants de celui-ci sous certains rapports essentiels, la politique étrangère et la guerre par exemple ».

Suivant Blumer-Morel (2), « par le fait que la constitution de la confédération suisse ne limite d'aucune manière la puissance législative de l'union, la souveraineté des Etats particuliers devient problématique et passe en réalité à l'Etat fédératif ».

Selon Holst (3), « aux Etats-Unis de l'Amérique du Nord, la souveraineté, ainsi que l'exige sa conception juridique, est absolue et indivisible bien réellement. L'exercice cependant des droits de souveraineté n'appartient aux

pour nous dispenser de discuter tous ces systèmes en particulier. Sauf l'avant-dernier, tous les autres manquent de vrai critère scientifique.

(1) Bluntschli : *Théorie générale de l'Etat*, *l. c.*, p. 440.

(2) J. J. Blumer-Morel : *Schweizerisches Bundesstaatsrecht* t. I, p. 179. Schaffhausen, 1877.

(3) H. von Holst : *Staatsrecht der vereinigten Staaten von Amerika*, p. 30. Freiburg 1885.

organes de l'union prise dans son ensemble qu'en partie ».

On voit que les auteurs précités n'ont pas d'opinion bien arrêtée. Ils tombent dans des contradictions que nous n'avons pas besoin de relever en détail ayant suffisamment dit, en son lieu, sur l'essence et la nature de la souveraineté. A la rigueur, on pourrait admettre avec Heffter (1) « qu'il est permis de parler d'un Etat mi-souverain pour indiquer la nature bâtarde d'un corps politique, condamné à subir dans ses rapports extérieurs l'impulsion d'une puissance supérieure ».

« L'Etat souverain, dit Jellinek (2), peut laisser aux Etats non-souverains l'occupation d'une série de droits de souveraineté, actuellement non déclarés comme lui appartenant. Ces créations sont des Etats parce qu'ils dominent, c'est-à-dire parce qu'ils posent des règles de par leur propre décision et propre pouvoir qui lient d'une manière absolue les sujets. Les droits de souveraineté leur appartiennent comme droits propres, c'est-à-dire ils ne découlent pas de la sphère juridique actuelle de l'Etat souverain. Leurs organes sont indépendants, c'est-à-dire ils ne leur sont pas donnés par l'Etat souverain et ne sont pas soumis à la confirmation de l'Etat souverain. Leurs organes suprêmes dominent, dès lors, non par ordre ou par permission, mais par droit propre. L'activité des Etats non-souverains ne peut être ni forcée ni remplacée. L'Etat souverain, en effet, ne peut contraindre que pour autant que sa souveraineté s'étend

(1) A. G. Heffter : *Droit international public de l'Europe*, trad. sur 3° éd. Jules Bergson, p. 40. Paris 1857.
(2) Jellinek : *Gesetz und Verordnung, l. c.*, p. 204-203.

actuellement et ne peut remplacer que ce qui est considéré comme restant dans son cercle de souveraineté ».

Nous avons vu, en son lieu (1), que Jellinek conçoit d'une manière erronée « le droit propre » et que la distinction entre possession actuelle et possession possible de droits de souveraineté est insoutenable. Les bases étant fausses, le système de Jellinek ayant pour but de caractériser l'Etat souverain et l'Etat non-souverain, tombe de lui-même.

Selon Liebe (2), « comme l'Etat fédératif naît d'une volonté générale manifestée par un acte législatif et comme, dès lors, les droits de l'Etat collectif et les droits des Etats particuliers qui le composent découlent d'une seule source, il en résulte que les droits de l'Etat collectif et les droits des Etats particuliers ont en principe la même valeur. Ces deux catégories de droits, — droits de domination, de souveraineté, — ayant leur source dans cette volonté qui a créé l'Etat fédératif, sont originaires et propres et dès lors ne dérivent pas de la souveraineté ».

Liebe ne semble pas vouloir comprendre que ce qui donne naissance à l'Etat fédératif est précisément la souveraineté, qui en se manifestant fusionne les divers Etats particuliers en un tout. Cette volonté qui distribue les droits n'est que la manifestation de la souveraineté qui fixe les charges des divers corps politiques ou autres.

(1) Voir ce chapitre § 5, p. 107-110 et § 7, p. 134-136.
(2) Liebe : *l. c.* p. 639-642.

Suivant Gierke (1), « les Etats-membres composant
un Etat fédératif, sont des Etats, non pas de par les droits
qu'ils ont comme membres d'un même Etat collectif, ni
de par les droits qui leur sont propres, mais de par le
fait qu·ils exercent une partie des aptitudes qui appartiennent à la force publique souveraine de l'Etat collectif ».

Borel (2), faisant de la même idée une application différente, écrit à son tour : « L'Etat fédératif est un Etat
dans lequel une certaine participation à la formation de
la volonté souveraine est accordée à des collectivités publiques supérieures, qui se distinguent par là des communes ou provinces de l'Etat simple. Cette participation
donne à ces collectivités la qualité de membres de l'Etat
fédératif. L'Etat fédératif ne change pas sa nature en
unifiant la législation dans certaines matières et même
en centralisaut certains domaines administratifs ou certains organismes judiciaires. On ne peut même pas dire
qu'il se rapproche par là de l'Etat unitaire, parce que
cette extension des compétences laisse intacte la coopération des cantons à la création de la volonté nationale.
Mais le jour où, par exemple, la Confédération suisse
enléverait à ses membres et leur représentation au Conseil des Etats et leur droit de vote en matière de revision constitutionnelle, ce jour-là elle serait un Etat
unitaire ».

Ainsi, la participation des communautés politiques supérieures à l'exercice de la souveraineté leur donne la

(1) Gierke: *Laband's Staatsrecht*, *l. c.*, p. 61 et suiv.
(2) Borel: *l. c.*, p. 177 et 192.

qualité d'Etats suivant Gierke, alors que pour Borel ladite participation, sans leur donner la qualité d'Etats, les caractérise pour les distinguer des communes et autres subdivisions territoriales, en caractérisant en même temps l'Etat fédératif pour le distinguer de l'Etat unitaire (1). Nous estimons, au contraire, que la prétendue participation à l'exercice de la souveraineté n'est, en réalité, que le résultat de l'exercice de la souveraineté par l'Etat fédératif lui-même. Les diverses subdivisions de l'Etat fédératif sont tout simplement chargées de certaines fonctions, comme le sont les diverses subdivisions de l'Etat unitaire. Borel ne nous semble pas être dans le vrai lorsqu'il affirme que l'Etat fédératif ne se rapproche même pas de l'Etat unitaire, en unifiant sa législation gouvernementale et administrative dans certains domaines. En unifiant pourtant sa législation, l'Etat fédératif diminue forcément la coopération des cantons à la création ou plus exactement à la manifestation de la volonté nationale. Et l'unification ne s'arrêtant pas aboutit fatalement à la suppression de la fonction législative et constitutionnelle des cantons au profit de l'Etat fédératif.

Nous avons déjà envisagé, en son lieu (2), l'Etat fédératif vis-à-vis de l'Etat unitaire. Ici nous devons le considérer en le comparant à ses subdivisions territoriales.

(1) Les expressions : exercice de la souveraineté, substance de la souveraineté et formation de la volonté souveraine de l'Etat ne paraissent pas, en somme, avoir des sens distincts et précis dans les travaux de Gierke (*l. c.*, p. 72, 65, 61) et de Borel (*l. c.*, p. 172 et 177). Le Fur (f. *c.*, p. 666, 596 et 650) constate cette confusion dans la théorie de Gierke.

(2) Voir ce chapitre, § 8, p. 138-139.

Si l'Etat fédératif est réellement un Etat, il possède par
cela même la souveraineté. Dans ce cas, les Etats particuliers qui le composent ne sont pas des Etats. Si, par
contre, les Etats particuliers sont de vrais Etats, ils ont
la souveraineté. Dans ce cas, l'Etat fédératif n'est pas un
Etat. En effet, nous savons que chaque Etat se trouve
sur un territoire donné. L'Etat fédératif en occupe donc
un. Mais les Etats particuliers qui le composent se trouvent nécessairement dans son sein, c'est-à-dire chacun
des Etats particuliers occupe une partie du territoire
de l'Etat fédératif. Or, sur un seul territoire, il est impossible de concevoir deux souverainetés. On ne peut
donc concevoir comme possédant la souveraineté que, soit
l'Etat fédératif seul, soit les Etats particuliers seuls·
Mais le contenu de la souveraineté est essentiellement le
moyen primordial de fixer, de diminuer ou d'augmenter
les attributions de l'Etat, contrairement à ce que pense
Rosin (1), qui prétend que « l'Etat fédératif pourrait ne
pas avoir la compétence de la compétence, sans que les
Etats-membres soient souverains ». Le moyen primordial
dont nous parlons est bien l'apanage illimité de l'Etat
fédératif seul, à l'exclusion des Etats particuliers qui le
composent. Par conséquent, c'est l'Etat fédératif qui est
seul souverain et dès lors seul réellement Etat. Les Etats
particuliers ne s'appellent Etats qu'abusivement, sont
dénués de toute souverainté et de toute participation à
l'exercice de la souveraineté.

(1) Rosin: *l. c.*, p. 8. — Dans le même sens: Liebe, *l. c.*, p. 641.

§ 11. — La souveraineté en face des subdivisions territoriales de l'État (unitaire ou fédératif).

Suivant Gareis (1), « les Etats particuliers d'un Etat fédératif sont souverains, pour autant qu'ils ont législativement le choix de leurs intérêts et le choix du moyen de la réalisation de ces intérêts. Possédant ainsi une souveraineté restreinte, les communautés politiques dont il s'agit sont de véritables Etats. Les provinces qui possèdent un gouvernement local ou les corporations relativement autonomes ne sont pas des Etats, car la faculté du choix de leurs intérêts ne leur est attribuée que par commission d'un Etat qui peut les en priver à tout moment ».

« Les compétences, dit Liebe (2), que les provinces d'un Etat unitaire peuvent avoir, ne leur appartiennent pas comme droits propres et originaires. Lesdites compétences sont la propriété de l'Etat unitaire et elles ne sont transmises aux provinces que pour être exercées par elles. A la vérité, les Etats particuliers d'un Etat fédératif peuvent avoir certaines compétences par délégation. Cependant, tant que ces Etats conservent des droits originaires, ils se différencient des provinces d'un Etat unitaire ».

Les différences que les auteurs précités cherchent à établir, entre les subdivisions territoriales de l'Etat unitaire, d'une part, et de l'Etat fédératif, d'autre part,

(1) Gareis : *l. c.*, p. 30.
(2) Liebe : *l. c.*, p. 643.

sont basées sur des principes déjà réfutés par nous à plusieurs reprises.

Pour Rosin (1), « l'Etat est la personnalité publique, souveraine ou non, dont le but général est national. La commune, c'est la personnalité publique non souveraine, ayant en vue la réalisation des intérêts locaux à l'intérieur de l'Etat. La commune se différencie des districts administratifs de l'Etat par le fait qu'elle a un but propre : un but local, alors que les districts administratifs, n'étant qu'une partie géographique de l'Etat, n'ont comme but que les tâches de l'Etat qu'ils doivent réaliser dans les limites locales ».

Faire une distinction entre les diverses subdivisions territoriales en se basant sur le but national, local ou de district, cela nous paraît arbitraire. Les divers buts locaux doivent en réalité corroborer le but général de l'Etat. Les divers buts s'entremêlent et se lient étroitement. Les buts locaux dépendent du but national, dont ils ne sont que les ramifications.

On a dit aussi que les cantons ou Etats-membres, sans être souverains d'une manière absolue, sont souverains entre eux, à la différence des provinces ou départements qui ne sont pas souverains du tout. On base cette distinction sur ce que les Etats-membres peuvent conclure entre eux certains arrangements ou concordats.

---

(1) Rosin, *l. c.*, p. 28 et 27. — Dans le même sens Brie: But universel, en principe, pour l'Etat, et non universel pour la commune (Zur Lehre von den Staatenverbindungen, dans *Zeitschrift für das Privat-und öff. Recht der Gegenwart*, XI (1884), p. 154). — Voir aussi : Borel, *l. c.*, p. 95 ; et Jellinek: *Gesetz und Verordnung*, p. 204.

Nous objectons qu'appeler souverains entre eux les Etats-membres, c'est commettre une hérésie. On est souverain ou on n'est pas. En ce qui concerne les concordats, les départements ou provinces (ou même les simples communes) peuvent aussi bien être autorisés à conclure des arrangements sans que leur nature change. Le pouvoir de conclure des arrangements ou concordats émanera avant tout et nécessairement de la législation de l'Etat unitaire ou collectif et non simplement de celle des Etats-membres eux-mêmes. Le contrôle sous la forme d'une autorisation ou d'une approbation du gouvernement central pourra ne manquer ni à l'Etat unitaire ni à l'Etat fédératif.

En somme, la différence, en ce qui concerne la souveraineté, entre les Etats-membres d'un Etat fédératif, les départements ou provinces d'un Etat unitaire, la commune d'un Etat quelconque, et, en général, une subdivision territoriale légale d'un Etat est absolument nulle au point de vue juridique. Aucune des subdivisions n'est souveraine. Nous n'avons pas à insister longuement ici sur les distinctions qu'on pourrait faire en dehors de la souveraineté. Il nous suffit de dire que l'importance de diverses subdivisions territoriales varie par la dose des attributions actuelles ou possibles édictées par le moyen primordial de la souveraineté de l'Etat. Les attributions acquises peuvent contenir en elles d'autres attributions que telle ou telle subdivision territoriale peut faire éclore, précisément au moyen des attributions premières. Celles-ci peuvent, par conséquent, produire d'autres attributions dérivées ; mais les attributions dérivées ne peuvent pas contrecarrer les attributions, premières. Ces dernières ne sont limitées que par des attributions supérieures, procédant directement de la souveraineté ou en émanant médiatement.

« Lorsque l'Etat non-souverain, dit Jellinek (1), est en même temps un membre nécessaire et participant, d'une manière quelconque, à la souveraineté de l'Etat, alors il prend le nom d'Etat-membre. Lorsque par contre l'Etat non-souverain n'est que soumis au domaine de la souveraineté de l'Etat souverain sans y prendre part, alors c'est un Etat vassal ».

Nous croyons que l'Etat vassal — et en général tout Etat soumis — n'est en fait qu'une subdivision territoriale de l'Etat proprement dit. La souveraineté doit être considérée comme émanant de l'Etat tout entier. L'Etat vassal contribue à la formation de la souveraineté comme toute autre subdivision territoriale. Comme les Etats particuliers d'un Etat fédératif, l'Etat vassal a une fonction spéciale. L'Etat vassal n'a pas de force publique proprement dite, car elle se confond avec celle de l'Etat suzerain. Sa volonté générale disparaît dans la volonté générale de l'Etat tout entier. Si certaines attributions de l'Etat vassal ne peuvent être modifiées ni par l'Etat vassal seul sans le concours de l'Etat suzerain, ni par l'Etat suzerain sans le concours de l'Etat vassal, cela provient du fait que l'ensemble de l'Etat a fixé le mode d'exprimer le contenu de sa souveraineté d'une manière spéciale, en ce qui concerne une subdivision territoriale donnée.

(1) Jellinek: *Gesetz und Verordnung*, *l. c.*, p. 204-205.

Mais l'Etat tout entier, étant souverain, peut changer son mode d'exprimer le contenu de sa souveraineté ou même agir directement, sa volonté générale devant toujours être actuelle. En réalité, un Etat ne prend le qualificatif d'Etat suzerain qui lorsqu'on l'envisage comme opprimant une partie de son territoire, qui prend à son tour le nom d'Etat vassal. L'Etat suzerain n'est pas un Etat à lui seul, à l'exclusion de l'Etat vassal. S'il était Etat à lui seul, certaines de ses attributions, celles qui sont appliquées à l'égard de l'Etat vassal, devraient être considérées comme inexistantes contrairement à la réalité.

CHAPITRE VI

ANALYSE ET SYNTHÈSE DE L'ÉTAT

§ 1. — Eléments de l'Etat.

En nous basant sur les développements contenus dans les chapitres précédents, nous pouvons dire que l'Etat est à la fois une personne, douée de souveraineté, et une société, — ou, d'une manière brève, que l'Etat est une personne collective souveraine.

L'analyse de l'idée que nous venons d'énoncer nous donne comme éléments de l'Etat les éléments suivants :

1° Une collectivité d'êtres humains ;

2° Un territoire déterminé ;

3° Un capital ou budget ;

4° Une volonté commune ou volonté générale ;

5° Une activité coopérative ;

6° Un but multiple ;

7° Une durée plus ou moins prolongée ;

8° Un organe, ou gouvernement, dans le sens large du mot ;

9° Une force matérielle suprême ou force publique ;

10° Une capacité de droits et d'obligations.

Parmi ces éléments, il y en a qui, sous des noms variés, se retrouvent dans toute société, alors que d'autres se retrouvent dans toute personne. Un seul de ces élémeuts est propre à l'Etat, sans se retrouver dans une autre entité quelconque. Ledit élément est la force matérielle suprême qui prend la dénomination de force publique. Cette force inhérente à l'Etat le caractérise et le distingue de toute autre entité. A la vérité, si un des dix éléments susdénommés manque à une entitée donnée, nous ne sommes plus en présence d'un Etat. Et l'élément connu sous le nom de force publique ne peut se trouver pour former l'Etat moderne que dans une entité qui réunit en elle les neuf autres éléments: il n'est pas concevable ailleurs. La force publique, appartenant en propre à l'Etat, est tout naturellement en lui et dès lors se trouve forcément dans un territoire déterminé, sinon toujours fixe.

La souveraineté, tout en étant essentielle pour l'Etat, ne peut être présentée d'une manière stricte comme un élément caractéristique de l'Etat. La raison en est que la souveraineté n'est pas un élément simple, mais bien le composé de deux éléments. Elle est — comme nous le savons (1) — la résultante de la combinaison de deux forces : la force publique et la volonté générale. L'un des éléments de la souveraineté, la volonté générale, à la rigueur, se conçoit ailleurs que dans un Etat. Ladite volonté, sous le nom de volonté unanime, volonté des membres, etc., est concevable dans toute entité collective. Par contre, l'autre élément de la souveraineté, la force publique — comme nous venons de le voir — ne

(1) Voir chapitre V, notamm. § 2, p. 90-96.

se trouve pas dans toute entité collective. Ladite force ne se révèle que dans une société étatique déterminée, dans l'Etat. Donc, des deux éléments qui composent la souveraineté, le second seul caractérise l'Etat.

Pour réaliser sa volonté, l'Etat a à sa disposition la force publique, qui est à lui et à aucun autre et qu'aucune autre entité ne possède. L'Etat, étant une personne, a des droits et des obligations. Il a tous les droits possibles qu'il se donne aussi bien que toutes les obligations possibles qu'il s'impose. Sa puissance s'arrête, non pas comme on le dit à satiété, devant le droit (naturel), mais devant l'impossibilité matérielle ou immatérielle. La puissance de l'Etat s'arrête là où la puissance de toute autre entité s'arrêterait. On comprend facilement que, dans ces conditions, l'Etat puisse se donner tous les droits possibles, mais on doute de prime abord en ce qui concerne les obligations que l'Etat s'impose. Ayant à son seul service la force publique, l'Etat, tant qu'il reste tel, ne peut pas, dit-on, être forcé d'exécuter ses engagements. Cela est vrai. Il ne faut pas cependant confondre le gouvernement ou toute autre autorité administrative avec l'Etat lui-même. C'est l'Etat seul (l'Etat souverain) qui ne peut être forcé d'exécuter ses engagements. Mais, pour que l'Etat veuille annuler ses obligations, en n'exécutant pas ses engagements, il faut que la volonté générale le veuille. Dans ce cas, en somme, l'Etat ne fait que changer sa volonté, en déclarant ses obligations inexistantes. Pour que le droit devienne positif, il faut que la force publique se mette ou puisse être mise à son service, sinon il n'y a pas de droit positif. L'Etat, étant personne, a des droits et des obligations, tant qu'il veut permettre que la force publique intervienne ou puisse intervenir pour jouer son rôle. Mais le fait que l'action de la force publique intervient au gré de l'Etat, n'enlève pas à l'Etat la qualité de personne. L'intervention possible de la force publique caractérise seul le droit positif. La force publique n'intervient pas toujours et uniquement entre les parties et contre l'obligé récalcitrant : elle intervient aussi contre les tiers. L'Etat peut faire intervenir la force publique, non pas pour être obligé d'exécuter ses engagements, mais pour que les droits d'une personne donnée, résultant desdits engagements, soient respectés et réalisés. Le fait que l'Etat a à son service la force publique facultativement, non seulement ne lui enlève pas la qualité de personne, mais, au contraire, le rend personne souveraine.

Contrairement à l'opinion de quelques auteurs, il est certain pour nous que le territoire est indispensable à l'essence de l'Etat. Que le territoire soit la terre ferme ou la haute mer, cela est indifférent. Il n'importe guère non plus que le territoire soit ou ne soit pas fixe et immuable. Ce qui est absolument nécessaire, c'est que la société, au moment où il s'agit de constater si elle est ou non un Etat, soit munie d'une force matérielle suprême dominant le territoire que ladite société occupe. Il faut que le territoire soit sous la domination absolue de la force publique, — qui obéit uniquement à la volonté générale de la société en question. Tant qu'une entité collective se trouve comme maîtresse absolue sur un territoire, elle est un Etat. Dès qu'elle abandonne le territoire et entre dans un autre, non pas en maîtresse absolue, mais en se soumettant à la force publique d'un autre Etat, elle n'est plus un Etat. L'entité en question aura beau avoir une organisation propre, elle ne sera pas un Etat : elle sera une société quelconque dans un Etat donné, comme bien d'autres sociétés. Au demeurant, il ne suffit pas à une société organisée de se trouver sur un territoire, il faut surtout qu'elle domine le territoire, il faut que la force publique, en tant que force matérielle suprême dans le territoire en question, soit au service immédiat de l'entité collective pour que cette entité soit Etat.

La qualité de suprême de la force publique n'est concevable que dans le territoire de l'Etat. En dehors dudit territoire, elle n'est qu'une simple force matérielle. Il en résulte que l'Etat n'est une personne souveraine que dans son territoire.

Lorsque l'Etat entre en rapport avec d'autres Etats, il n'entre pas en rapport comme personne souveraine, mais simplement comme personne. Il est donc inexact de dire, comme on se plaît à le faire à tout propos, que le droit international ne reconnaît que des personnes souveraines. L'erreur provient du fait que les personnes non souveraines, étant forcément soumises à une personne souveraine, ne peuvent entrer en rapport, soit entre elles, soit avec des personnes souveraines, qu'avec l'autorisation expresse ou tacite de la personne souveraine de laquelle elles dépendent.

Deux ou plusieurs Etats souverains, se trouvant sur deux ou plusieurs territoires différents, étendent l'activité de leur force publique respective sur un champ

d'action distinct. La suprématie de la force publique de
l'un des Etats ne peut se manifester que dans un con-
tact, pendant une guerre : alors deux ou plusieurs sociétés, en réalité, se confondent pendant une durée plus
ou moins longue et ne forment qu'un nouvel Etat, éphé-
mère ou stable. En effet, de la collision ēt de la confusion plus ou moins prolongée naîtra une nouvelle force
publique et une nouvelle volonté générale. La nouvelle
force publique se mettra au service de la nouvelle volonté
générale. Ladite force publique, seule et unique, ne
pourra pas se subdiviser, sans que le territoire se subdi-
vise, pour former deux ou plusieurs nouveaux Etats. La
fusion, même précaire, ne se produit évidemment pas
lorsque l'Etat, occupant militairement le territoire d'un
autre Etat, n'a pas l'intention de le garder — que son
intention soit volontaire ou forcée.

Comme la volonté d'une collectivité, à l'instar de celle
d'un individu, peut varier à l'infini, les attributions que
l'Etat peut se donner varient également à l'infini. Ces
attributions se comprennent parfaitement, distinctes et
séparées. Cependant, la force publique devant toujours
et à elle seule être au service de la volonté de l'Etat pour
faire naître la souveraineté, il est indispensable que les
attributions que l'Etat se donne soient toujours soutenues dans leur réalisation par la même force publique et
par elle seule. Or, comme la force suprême, pour rester
telle, ne saurait se dédoubler, il s'ensuit que la souveraineté de l'Etat est également indivisible et que dès lors
l'Etat lui-même est un et unitaire dans le sens large du
mot. Si pour la réalisation des attributions que l'Etat

se donne, en en chargeant telle ou telle autorité de l'exécution, il n'avait pas à son service et comme unique sou-
tien une force suprême, mais simplement une force matérielle égale à d'autres forces matérielles intérieures,
mues par d'autres sociétés que l'Etat, il en résulterait
non seulement des conflits passagers, mais l'anarchie
complète qui amènerait la dissolution de la collectivité
étatique. Donc, il est dans la nature des choses, il est
absolument logique de penser que toute force suprême,
pour rester telle, doit être une, indivisible et non multi-
pliable.

§ 2. — Définition de l'Etat.

En récapitulant tout ce que nous venons de dire et en
nous servant de termes, autant qu'il est possible, non
controversés et non controversables, nous pouvons donner de l'Etat la définition suivante : L'Etat est une collectivité d'êtres humains établis pour une certaine durée
dans un territoire déterminé, avec des ressources (capital
ou budget) plus ou moins importantes, unis volontairement en activité coopérative constante, sous une direction médiate ou immédiate (gouvernement), en vue d'un
but multiple et soutenus contre les récalcitrants du dedans le mieux du monde, conformément à la volonté de
leur ensemble (volonté générale), par une force suprême
matérielle émergeant de leur milieu et les rendant un
tout, capable de droits et d'obligations, qui n'est vis-à-
vis du dehors qu'nne simple entité plus ou moins puis-

sante. En résumant à son tour cette longue période et en nous servant de termes juridiques, nous pouvons dire, comme nous l'avons fait au commencement de ce chapitre, que l'Etat est une personne collective souveraine (1).

La définition que nous venons de donner s'applique à tout Etat (souverain) — que l'Etat prenne le nom d'Etat unitaire ou celui d'Etat fédératif. Nous savons qu'un des éléments de l'Etat est l'activité coopérative. Le degré et le mode de cette activité peuvent varier à l'infini. Lorsque l'activité coopérative est serrée et se révèle à nous sous une forme étatique dense et compacte, alors nous donnons à l'Etat qui revêt cette forme le nom d'Etat unitaire proprement dit. Lorsque l'activité coopérative est peu serrée et se révèle à nous sous une forme étatique de plusieurs groupements unis, alors nous donnons à l'Etat qui revêt cette forme le nom d'Etat fédératif. Il nous est impossible cependant de dire *a priori* à quel moment précis l'Etat passe d'une forme à l'autre. C'est l'histoire qui prépare et détermine le nom de la forme étatique. Nous ne saurions donner de la transition un critère juridiquement admissible.

Quant à la confédération d'Etats, elle n'est pas un Etat. En effet, elle ne possède ni tous les éléments de l'Etat, ni surtout l'élément caractéristique de la force unique

(1) Ivanovsky (De la nature de l'Etat, dans le *Journal du droit international et public*, en russe, n°s 1 et 2, p. 183. Saint-Pétersbourg, 1897) a cité notre opinion inexactement, en disant que nous considérons l'Etat comme un simple assemblage d'individus. Ivanovsky paraît du reste n'avoir lu que notre article sur « l'Etat en tant qu'organisme » et n'avoir nullement connu les autres, parus précédemment.

matérielle suprême. A la rigueur, la confédération d'Etats peut être considérée comme une collectivité d'êtres humains — dépourvue d'un territoire commun et unitaire. Elle peut avoir un budget, une volonté donnée; une activité coopérative, en vue d'un but déterminé et restreint, temporaire ou permanent, un gouvernement plus ou moins rudimentaire et une capacité partielle de droits et d'obligations. Le tout cependant, manquant de force publique suprême, ne pourra pas se revêtir de la souveraineté, ne pourra pas se donner des attributions infinies et ne pourra dès lors pas être un Etat. La confédération pourra être une société et même une personne, mais non une entité collective souveraine, non un Etat dans le sens propre du mot.

La naissance et le développement de toute entité étatique — de tout Etat, unitaire ou fédératif — ne varient pas sensiblement. Il est évident qu'un Etat, grand ou petit, pour le devenir régulièrement et par évolution lente, ne se forme pas uniquement par agglomération constante d'individus humains ; il se forme aussi et souvent par fusion de groupements d'individus humains. Ces groupements, sous les noms de communes, de provinces ou même d'Etats, souvent gardent pour un temps plus ou moins long une empreinte de leur origine. Le développement par groupements de l'entité étatique n'est pas spécial à l'Etat dit fédératif ; ledit développement ne présente en somme rien d'extraordinaire. Pour trouver des exemples de formation dite fédérative, on n'a pas besoin de recourir spécialement à l'origine des Etats dénommés fédératifs. A en croire la tradition, Athènes et

Rome n'ont commencé leur existence qu'en passant par la confédération et l'Etat fédératif. Le nom même d'Athènes, qui est au pluriel, indique que plusieurs tribus, formant des cités plus ou moins autonomes, se sont rapprochées graduellement les unes des autres pour former un Etat indépendant (1). Il en est exactement de même de Rome (2). De nos jours, en dehors des Etats fédératifs proprement dits, nous avons constamment des exemples de formation fédérative. Notamment, la formation de certains cantons suisses (tel : Grisons), jadis Etats indépendants, a procédé exactement comme procède actuellement la consolidation de la confédération helvétique qui semble devoir devenir un Etat unitaire.

D'autre part, les groupements originaires qui ont perdu leur autonomie ou même des groupements formés dans l'Etat plus ou moins artificiellement, peuvent être investis de nouveau ou pour la première fois d'une autonomie relative et l'Etat prendra ou ne prendra pas le nom d'Etat fédératif, selon le degré de la cohésion de l'activité coopérative de ces groupements. Tout particulièrement, les républiques américaines, dont les groupements constitutifs se joignent ou se disjoignent nous fournissent des exemples frappants de ce que nous venons d'avancer (3). L'histoire, du reste, de presque tous les Etats, nous apprend que le sort de toute entité étatique est le même

(1) Voir Aristote : Ἀθηναίων πολιτεία, par Blass, p. 104 et 106 ; R. Dareste : *Science du droit en Grèce*, p. 166. Paris 1893.

(2) J. E. Kuntze : *Geschichte Rom's*, p. 149. Leipzig 1882 ; H. Brocher : Rome et l'empirisme juridique (*Revue gén. du droit*, p. 441. Paris 1883).

(3) Notamment dans l'Amérique du Sud et l'Amérique centrale.

en ce qui concerne la condensation ou la raréfaction de la cohésion de l'activité coopérative.

En définitive, nous ne devons reconnaître qu'une seule essence étatique, une seule conception d'Etat stricte et rigoureuse. La conception de l'entité de l'Etat est *une*, malgré les formes variées que l'essence présente. Le juriste, par conséquent, qui ne s'occupe de l'entité étatique que d'une manière générale et n'examine pas tel Etat donné, ne saurait formuler qu'une seule définition, une définition embrassant toutes les variantes de l'Etat.

Nous aimons à croire que la définition que nous avons donnée de l'Etat, correspond exactement à la conception de l'entité étatique, que nous nous sommes complu à scruter et étudier dans le cours de ce travail.

INDEX

*Les grands chiffres indiquent les pages, les chiffres supérieurs
les alinéas et les chiffres inférieurs indiquent les notes.*

Conseil, 9[4].
— d'administration, 75[7].
— de famille, 75[7].
Contrainte cérébrale, 20[1], 21[2].
— corporelle, 20[1], 21[2].
— corporelle, cérébrale et force effective, 20[1].
— juridique et Etat, 106[1], 126[1].
Corporation autonome, province et Etat particulier, 150[1].
Créateur de la loi, 9[4].
Critère juridique des différentes formes de l'Etat, 162[1].

D

Décentralisation. 48[2].
Département. Voir : Province, subdivision territoriale, Etat particulier, district.
Destinataire, 8[4], 70[5].
Destinateur, 8[4], 70[6].
District et commune, 151[1].
Droit, 6[2], 9[4], 11[1], 11[4], 15[1], 93[3], 107[1] (Rosin).
— des actions, 13[4].
— des actions civiles, 13[6].
— des actions pénales, 13[6].
— administratif, 14[3].
— des choses, 13[4].
— civil, 13[5].
— commercial, 13[5].
— constitutionnel, 14[3].
— corporel, 13[7].
— (Définition du), 6[2],6[2], 20[1].
— (Définition du) et force, 20[1].
— délégué, 107[1] (Rosin).
— dérivé, 109[1,2].
— dérivé et propre et Etat souverain, 110[1].
— de domination, 133[3] (Liebe).
— (Eléments du). Voir : Eléments.
— et Etat, 79[1], 79[2].
— Etat et souveraineté, 114[2].
— étranger, 107[1] (Rosin).
— externe, 13[3].

Droit (Faces du), 13[1].
— force, 20[1].
— et histoire, 7[2].
— incorporel, 14[4].
— intellectuel, 14[4].
— international et compétence de la compétence, 128[1].
— international et personnes souveraines, 139[2].
— international et souveraineté, 129[2].
— et lieux, 7[3].
— et loi, 10[1].
— objectif, 11[3], 11[4].
— objectif et subjectif, 11[1].
— originaire, 108[1].
— des personnes, 13[4].
— personnel privé (civil et commercial), 13[6].
— pénal, 13[5].
— politique, 13[6].
— positif, 12[4], 98[1].
— positif et souveraineté, 132[1].
— pratique, 12[5].
— privé, 13[5].
— propre, 107[1] (Rosin), 109[1,2], 145[3], 146[1], 150[2].
— propre et Etat souverain, 109[2].
— propre dérivé, 108[1] (Jellinek).
— propre dérivé et Etat souverain, 110[1].
— public, 13[5], 14[3], 16[3].
— public général, 14[3].
— public international, 14[2].
— public national, 14[2].
— public et souveraineté, 97[2].
— public et science sociale, 15[2].
— pur, 96[1].
— (Rapport de) et société, 81[1].
— rationnel, 12[3].
— représentatif, 107[1] (Rosin).
— et science sociale, 15[1].
Droits de souveraineté, 134[3] (Jellinek).
— de souveraineté et Etat particulier. Voir : Etat particulier.
— de souveraineté et souveraineté, 134[1], 134[2] (Seydel), 134[3].

raineté. Voir : Souveraineté, force matérielle et immatérielle.

Force matérielle suprême, 95[3].

— immatérielle suprême, 95[3].

— immatérielle et souveraineté. Voir : Souveraineté et force immatérielle.

— matérielle et volonté générale, 18[1].

— matérielle et souveraineté. Voir : Souveraineté et force matérielle.

— mécanique et volonté, 37[3].

— publique, 10[5], 91[1] (Gerber), 95[3], 121[1], 155[3], 156[1].

— publique et action gouvernementale illégale, 27[3].

— publique, action et volonté (indispensable facteur), 21[2].

— publique, armement et souveraineté, 116[2].

— publique et attributions de l'Etat, 160[1].

— publique (Contenu de la), 136[2].

— publique et création de la volonté, 19[1].

— publique et droit positif, 157[1].

— publique effective et de menace, 20[3].

— publique et élément facultatif de la loi, 23[2].

— publique, élément exclusif de l'Etat, 157[1].

— publique et élément obligatoire de la loi positive, 23[1].

— publique, entité collective et territoire, 158[1].

— publique et Etat, 89[1].

— publique et Etat personne, 157[1].

— publique et Etat vassal, 153[2], 155[3], 156[1].

— publique et gouvernement, 26[1].

— publique, gouvernement, peuple, élément facultatif de la loi positive, 26[2], 27[2], 106[1].

— publique gouvernement, peuple et action gouvernementale illégale, 27[3].

— publique et intellect, 19[1],

— publique et morale, 25[3].

Force publique et personne, 77[1], 95[1] (Gerber), 95[2], 121[1].

— publique et souveraineté, 80[1], 114[4].

— publique et territoire de l'Etat, 158[1], 159[1].

— publique et volonté, 22[1], 22[2,3], 25[3].

— publique et volonté subordonnée, 24[1].

Formation agglomérative de l'Etat, 163[1].

— disjonctive de l'Etat, 164[1].

— fédérative de l'Etat, 163[1], 164[1,2] (Athènes, Rome).

— de l'Etat, 164[1].

G

Gouvernement, 88[4], 88[4].

— ou toute autre autorité administrative et Etat, 157[1].

— et sentiment dominant, 26[2].

— et force publique, 26[1].

— force publique et élément facultatif de la loi positive, 26[2].

— et loi positive, 26[1].

— peuple, action gouvernementale illégale et force publique, 27[3].

— peuple, élément facultatif de la loi positive et force publique, 26[2], 27[1].

— peuple, élément obligatoire de la loi positive et force publique, 27[2].

— populaire, 88[4], 88[4].

H

Histoire et droit, 7[2].

Hoheitsrechte, 133[3] (Liebe).

I

Imperium, 105[1] (Jellinek), 111[1] (Cicéron), 111[2] (Festus), 113[1] (Ulpien).

Inaction, 22[1], 22[3].

— et acte du maître-sujet, 8[10].

— et action, 24[1].

— action et volonté, 21[1], 25[1].

Individu et cellules, 52[1], 52[2], 53[1]

Potestas (Suprema) et suprema voluntas, 94[1].

Politique, 16[1].

Pouvoir absolu, 93[4] (Rousseau).

— politique et souveraineté, 123[2].

— politique et manifestation de la souveraineté, 123[2] (Hauriou).

— en dernier ressort, 124[2].

Propriétaire, 75[3].

— saisi, 75[5,6].

Propriété, 71[4].

Provinces, 104[2] (République argentine,
Pays-Bas).

— et communes, 152[1]; 151[3].

— corporations autonomes et Etats
particuliers, 150[1].

— et souveraineté, 150[2] (Liebe), 152[1],
151[3].

Pupille propriétaire, 75[7].

— propriétaire saisi, 75[7].

Puissance absolue souveraineté (Bodin
et Bluntschli), 98[2], 92[2] (Bodin),
89[3], 136[1].

Puissance ou Etat, 100[1], 101[3] (Seydel).

— perpétuelle, souveraineté, 98[3].

— et toute-puissance, 101[1] (souveraineté).

R

Rapport de droit et société, 81[1].

Régime absolutiste et souveraineté,
138[1].

— démocratique et souveraineté, 138[1].

— constitutionnel et souveraineté, 138[1].

— formes, de l'Etat et souveraineté,
140[1].

— parlementaire et volonté générale,
29[1].

Reich, 80[1], 84[1].

Relation sociale, 9[3], 10[1], 15[1].

— sociale et justice, 6[2], 12[4], 96[1].

République, 91[3] (Bodin).

Rouages de l'Etat et souveraineté, 103[1],
103[2], 119[1], 121[1], 124[2], 138[1].

S

Saisissant, 75[5,7], 76[1].

Sanction, 10[5], 93[3].

Science, 15[1].

— du droit, 12[4].

— juridique, 6[1].

— pure, 11[5], 24[2].

— sociale, 15[1].

— sociale et droit, 15[1].

— sociale et droit public, 15[2].

Sociétaire, 75[6,7], 76[1].

— (Administration), 32[3].

— saisi, 75[7], 76[1].

Société autoadministrée, 76[1].

— (But de la), 32[3], 33[4].

— (Capital de la), 35[2].

— et Code civil français et russe, 33[3].

Sociétés composées, 35[3].

Société (Coopération dans une), 32[3].

— (Coopération consciente ou non dans
une), 32[4].

— civile et état de nature, 43[2] (Locke).

— (Définition de la), 31[1].

— (Définition de la) et Code civil français, 33[1].

— (Définition de la) et Code civil russe,
33[2].

— (Durée de la), 35[1].

— (Eléments de la), 31[2,3].

— (Elément non indispensable de la),
34[4].

— après entente ou non, 32[5].

— et Etat, 42[3] (Ahrens), 36[1] (Bluntschli),
36[2], 38[1] (Ferraris), 38[2], 40[1] (Fouillée), 37[2] (Φλογαίτης), 42[1] (Holtzendorff), 42[1] (Holtzendorff, Jhering et
Mohl), 41[2] (Jhering), 37[2] (Palma),
37[3], 38[2] (Ruiz), 39[1,3], (Scolari),
36[1] (Stein), 37[1], 39[2] (Worms), 49[1].
Voir : Etat et société.

— Etat et organisme, 49[3].

— et famille, 43[3] (Rousseau).

— (Lieu de la), 34[2].

— (Membres de la), 32[1].

T

AUTEURS CITÉS

Les chiffres, indiquant les pages, renvoient au texte et aux notes.

TABLE DES MATIÈRES

CHAPITRE II

CHAPITRE III

CHAPITRE IV

CHAPITRE V

CHAPITRE VI

9 782019 666859